Luzie Irene Pein

# Nachts
# Wenn mich
# Die Muse küsst

Kurzgeschichten

Bibliografische Information der Deutschen Nationalbibliothek: Die Deutsche Nationalbibliothek verzeichnet diese Publikation in der Deutschen Nationalbiografie; Detaillierte bibliografische Daten sind im Internet über www.dnb.de abrufbar.

Verlag: BoD • Books on Demand GmbH, In de Tarpen 42, 22848 Norderstedt
Druck: Libri Plureos GmbH, Friedensallee 273, 22763 Hamburg
ISBN: 978-3-7597-7613-6
Preis: 13,90 €
Covergestaltung: ©Luzie Irene Pein
Texte: © Luzie Irene Pein / 2024
Lektorat: Rudolf Köster

# INHALT

## Geschichtsbuch

Ich lese jeden Tag
In offenen Gesichtern

Sie erzählen Geschichten
In grauen – bunten Kapiteln
Spiegeln den Inhalt wider
Je nach Hintergrund

Ich lese jeden Tag
In geöffneten Büchern

Viele viele
sind noch nicht zu Ende gelesen

©Luzie Irene Pein

# Augenwischerei

Endlich Wochenende.

Die Wohnung ist geputzt und die Lebensmittel vom Einkauf sind im Kühlschrank verstaut. Für mich allein benötige ich nicht viel. Es sei denn, mein Sohn möchte mit mir essen, was relativ selten vorkommt. Egal, ich habe immer eine Reserve. Gemüse und Gemüsesuppen, natürlich von frischen Zutaten. Gekocht und in Portionen eingefroren. Meine Lieblingssuppe ist die Hühnersuppe. Huhn, Hohe – oder Querrippe dazu, Suppengemüse, ein Lorbeerblatt, in der Pfanne geschwärzte Zwiebeln mit Schale, das gibt der Brühe mehr Farbe, ein wenig Ingwer, geschält, und eine Prise Muskatnussblüte. Salz darf nicht vergessen werden.

Ab und zu den Schaum abschöpfen, damit die Kraftbrühe klar bleibt.

Hühnersuppe, ein kulinarisches ´Highlight´.

Oh, mein Magen meldet sich.

Was esse ich denn jetzt? Eine Stulle mit Rübenkraut, die habe ich als Kind schon gern gegessen. Das weckt Erinnerungen in mir.

Ob ich wohl noch in den Garten gehe und Unkraut jäte? Die Fenster müssten auch mal wieder geputzt werden. Nein, dann kann ich mit dem Hausputz von vorn anfangen.

Irgendetwas berührt zärtlich meine Wangen, als ich die Tür öffne und in den Garten schaue. Eine angenehme Brise fächelt mir warme Luft in mein farbloses Gesicht. Die Lichtstrahlen der Herbstsonne fallen durch die vom Wind schaukelnden Äste und tänzeln auf meiner Haut. Sie laden mich ein, den Tag mit ihnen zu verbringen.

Schnell meine Jeans anziehen und eine leichte Jacke mitnehmen, falls es sich abkühlt. Vorsichtshalber lege ich mir den Regenschirm ins Auto, obwohl es gar nicht danach aussieht und auch kein Niederschlag angekündigt ist.

Ab ins Auto, die Arbeit läuft nicht weg. Schnell muss ich noch tanken. Der Tank meines alten Ford Fiesta ist fast restlos leer. Aber mein schnuckeliges, kleines, silbergraues Gefährt bringt mich noch überall hin, und wenn es aus der Waschanlage kommt, glänzt es noch richtig schick. In einem größeren Auto würde ich mir wegen meiner Körpergröße auch verloren vorkommen.

Ich fahre aus der Stadt. Obwohl ich eher am Stadtrand wohne, muss ich doch fast am Zentrum vorbeifahren.

Nach ungefähr zwanzig Kilometern verlasse ich

die Landstrasse und biege links ab. Ein kleines Wäldchen an einem Hügel sieht recht einladend aus, und so entschließe ich mich, dort anzuhalten und mir ein lauschiges Plätzchen suchen, um mich von der Hektik der Stadt und meinem Stress auszuruhen. Nur ein wenig abschalten, Landluft atmen, die Seele baumeln lassen. Einfach eins sein mit der Natur. Gott sei Dank habe ich keine High Heels an, sondern meine flachen Schuhe mit den Einlagen vom Orthopäden – angeblich ist ein Bein kürzer ist als das andere – die Schuhe sind halt zweckmäßig. Flachlandtreter eben und für den Schotterweg zum Berg hinauf sehr geeignet.

In meiner Sturm- und Drangzeit gab es eine andere Bezeichnung für die hochhackigen Schuhe. Stöckelschuhe nannte man sie, und sie waren genauso unbequem wie heutzutage. Knochenbrüche, Verstauchungen waren die kleineren Übel, wenn man mit diesen Pumps umknickte. Zum Tanzkleid, ja, da sahen sie perfekt aus. Nostalgie überfällt mich, ich muss kichern.

Leider habe ich nie einen Tanzkurs besucht, aber das ist eine andere Geschichte.

Dazu fällt mir gerade ein, dass wir zu meiner Schulzeit eine sehr neugierige, eifersüchtige Nachbarin hatten, die keine Kinder bekommen konnte.

Vor meinem Schulabschluss fragte sie meine Mutter, als sie unseren Vorgarten harkte, wann ich wohl meine ersten Stöckelschuhe und eine Dauerwelle bekommen würde. Meine Mutter antwortete nur mit einem Kopfschütteln und ließ sie stehen. Keine Antwort ist bekanntlich auch eine Antwort.

Die Nachbarin verschwand eingeschnappt und Po wackelnd in ihrem Hauseingang. Meine Mutter lächelte amüsiert und kam ins Haus.

Ich gehe weiter, einen kleinen Feldweg hoch und sehe eine Bank dort oben am Waldrand. Es ist ein sogenannter Mischwald. Nadel- und Laubbäume haben sich hier heimisch niedergelassen oder sind bewusst angepflanzt worden. Wälder sind die grüne Lunge unserer Erde, die unser Klima regulieren, Sauerstoff produzieren, ohne den wir nicht existieren können.

Leider werden viel zu viele Ur– und Regenwälder vernichtet, für die Möbelindustrie, für Papier, Kosmetika, um nur einige Beispiele zu nennen. Sie werden vermeintlich gewinnbringend verarbeitet. Riesige Flächen werden gerodet und zu Rinderweiden nutzbar gemacht, damit alle Welt saftige Steaks kaufen kann. Es wird Raubbau mit unseren natürlichen Schätzen betrieben. Vor allem in den Ländern, in denen es noch Ureingesessene, exotische Pflanzen und Tiere zu erkunden gibt.

Sauerstoff wird auch von Algen in den Meeren erzeugt.

Meine Gedanken schweifen ab. Ich bin doch hierhergefahren, um zur Ruhe zu kommen. Und jetzt das. Liegt es an der Landschaft, dem Frieden, den ich suche und hier finden möchte? Wendet sich mein inneres Schweigen in unbeantwortete Fragen, die ich mir selbst stelle?

Stopp, ich zwinge meine Gedankenflüge zum Anhalten, will sie nicht in ihren Einfällen behindern, nur zu einer kurzen Pause überreden. Ich sehe ausgedehnte Grünflächen am Hang, auf denen Pferde und Kühe nebeneinander in Eintracht grasen. Diese Stille, kein Lufthauch weht. Ich setze meine Sonnenbrille ab, weil sie mir den Blick auf die wunderbare Schöpfung der Natur verdunkelt.

In den Wipfeln der Bäume, die für sich die Farbpalette der Jahreszeit bereits in Anspruch genommen und ihre Blätter in Weinrot und Goldgelb eingetaucht haben, zwitschern Vögel um die Wette. Über ihnen strahlt die goldene Sonne am azurblauen, wolkenlosen Himmel. Gibt es was zu gewinnen? Oder sind sie einfach nur glücklich und mit sich im Reinen? Sie führen ein freies Leben, können sich von den Aufwinden tragen und in ferne Welten gleiten lassen. Im Gegensatz zu uns Menschen, die teilweise nur nach der Uhr leben, immer und überall funktionieren und stets für die Belange anderer bereit sein müssen. Ich beneide die Stars der Lüfte, träume oft, dass ich mit ausgebreiteten Armen über den Dächern fliege und mir die Menschen von oben ansehe. Manchmal komme ich aber auch nicht so hoch. Ich habe den Sinn noch nicht wirklich erkannt, aber in Traumbüchern darüber gelesen.

Natürlich gibt es, wie so oft in wissenschaftlichen Büchern, verschiedene Meinungen der Psychoanalytiker. Egal, ich lausche dem lieblichen Klang der Melodien, meine Schritte werden leichter, meine Gemütslage passt sich ihnen beschwingt an.

So, jetzt noch um die kleine Schonung herum. Die Landschaft liegt vor mir, noch schöner, als ich mir eben ausgemalt habe. Flimmerndes Licht ergießt sich auf eine sattfarbene Wiese mit vielen bunten Wildblumen. Ein Wildbach schlängelt sich in seinem Strombett den Abhang hinunter und mündet in dem Dorfweiher. In dem kristallklaren Wasser spiegeln sich die Umrisse der dunklen Tannen, die am Ufer stehen.

Meine Nasenflügel vibrieren bei dem Duft von frisch geschnittenem Gras auf einem angrenzenden Weideland. Ich ziehe den Geruch gierig ein. Ein

Geschenk der Natur. Ich nehme es dankbar an, atme tief ein und aus. Reine Luft strömt in meine Lungenflügel und lässt mich das erste Mal seit langer Zeit wieder frei durchatmen.

Ich darf nicht vergessen, den Rasen zu Hause dringend zu mähen. Hätte ich ein Stofftaschentuch dabei, würde ich einen Knoten hinein machen. Pech. Papiertaschentuch geht nicht, wenn ich es benutze und wegwerfe, entsorge ich auch meine Gedächtnisstütze.

Was ist das? Ich höre eine schrille Stimme, die meinen Gehörsinn reizt und sogar den Tinnitus in meiner rechten Ohrmuschel übertönt. Sie ist laut und bestimmend. Auch hier gibt es scheinbar Streit zwischen Eheleuten, Eltern und Kindern.

Das muss ich mir nicht auch noch antun. In den letzten Wochen habe ich meine Kraft völlig aufgebraucht. Mein Akku ist leer. Zu viele Erinnerungen, Albträume haben meine Gemütsruhe gestört.

Ich stutze. Eine zierliche Person sitzt mittig auf einer morschen, halb verfallenen Holzbank, die jeden Moment zusammenbrechen könnte. Ihr weißes, halblanges seidiges Haar glänzt im Sonnenlicht und rahmt ihr kleines Gesicht bildhaft ein.

Ein modischer glatter Haarschnitt wird von einem schwarzen Samtkragen gestützt, keine Hausfrauendauerwelle, die ich oft bei älteren Frauen sehe. Die Jacke ihres hellgrauen Kostüms hängt locker über ihren schmalen Schultern und dem gekrümmten Rücken. Sie sieht darin so zerbrechlich aus. Weiße, zarte Spitze, die aus den Ärmeln der viel zu großen Kostümjacke heraus schimmert, ziert ihre knöchernen Hände. Sonnenstrahlen lassen Altersflecken auf der Haut aufleuchten. In der einen Hand hält sie einen Gehstock und bewegt ihn recht schwungvoll in alle Richtungen.

Ich schätze ihr Alter auf achtzig oder neunzig Jahre.

Sie unterhält sich sehr angeregt, aber ich kann nicht erkennen, mit wem. Außer ihr und mir ist niemand anwesend. Sitzt da jemand im Gebüsch hinter der Bank? Nein, ich sehe nichts. Ist sie verwirrt? Wie kommt sie hierher?

Die betagte Dame betrachtet mich, nickt, spricht ununterbrochen weiter.

„Siehst du", sagt sie und deutet mit dem unförmigen Zeigefinger der rechten Hand auf ein großes, weiß gestrichenes Haus, das von einer hohen Hecke aus Lebensbäumen eingezäunt geradeaus unten am Ortsrand steht. So, wie es aussieht, ist es ein gepflegtes Haus mit Schieferdach und Dachrinnen aus Kupfer. Angestrahlt, flirrend, wie meine alte Kupferkanne, wenn sich die Lichtstrahlen durch die Butzenscheiben in meinem Wohnzimmer mit ihr vergnügen und bunte Bildstreifen darauf zaubern.

„Genau wie du damals, als du mit deinem Mofa ohne Kopfschutz gefahren bist. Dein Enkel ist ebenso forsch, ein Wildfang. Du wolltest mir mit dem gefährlichen Fahrstil imponieren, nicht auf deine Eltern und schon gar nicht auf mich hören und fühltest dich mit deinen siebzehn Jahren schon erwachsen. Dann bist du gestürzt. Bruchlandung. Kannst froh sein, dass ich dich auch mit deiner krummen Nase geheiratet habe.“

Ich bin irritiert. Diese liebenswerte, ältere Dame spricht über ihre Vergangenheit.

Aber Enkelkind? Urenkel erscheint mir sinniger. Ich sehe kein Kind dort unten auf der Straße. Vielleicht ist der Junge, über den sie gerade schimpft, ja schon wieder im Haus?

Sie sieht mich an und bittet mich, neben sich Platz zu nehmen. Hoffentlich hält die von Holzwürmern oder anderen Insekten durchlöcherte Bank das aus und kippt nicht um. Ich setze mich zu ihr. Gott sei Dank. Die Bank ist fest am Erdboden verankert und wackelt nur ein wenig.

„Oh, Männer, meinen, sie hätten die Weisheit mit der Muttermilch aufgesogen. Hängen dauernd am Rockzipfel der Gebärerin. Als Kind wollen sie alles für sich beanspruchen und wenn sie es nicht bekommen, schmollen sie. Ohne uns Frauen bleiben sie kleine Jungs, albern und hilflos. Wenn sie erwachsen sind, ändert sich erst recht nichts."

Ihr Blick wandert wieder zu ihrer linken Seite.

„Schau mich nicht so an. Man sagt doch, in jedem Manne steckt noch ein Kind. Im Alter wird das noch schlimmer. Das nennt man dann Altersstarrsinn. Schauen jedem Weiberrock hinterher, aus nostalgischen Gründen, falls sie sich noch erinnern können."

Die Frau dreht sich wieder zu mir und spricht mich an.

„Sind Sie neu hier, ich habe Sie noch nie gesehen?"

Ich antworte, dass ich aus der Stadt käme, um hier an diesem schönen Fleckchen Erde ein wenig auszuspannen, mal für eine Weile Abstand von dem ganzen Trubel zu nehmen, der sich alltäglich in Firmen, Familien und überall auf den Straßen abspiele.

Auch hier möchte ich mich nicht in Streitigkeiten einmischen.

„Ach, ja", sagt sie und schaut auf den leeren Platz neben sich, „siehst du, mein Herz, es kommen immer noch Leute in unser schönes Dorf, unsere kleine heile Welt, um Ruhe zu finden. Es ist ja auch sehr idyllisch hier. Da, jetzt ist es passiert! Nun liegt er auf der Nase. Es gibt doch Sturzhelme. Warum setzt er keinen auf? Verstehe, die neumodische Frisur sitzt dann nicht mehr. Eitelkeit ist euch Männern ja angeboren."

Ich sehe nichts auf der Straße, nur einen Trecker mit Anhänger, der sich langsam durch die engen Kurven der Straßen von einem Haus zum anderen quält. Die Mitarbeiter der Stadt-Gärtnerei holen den Baum- und Strauchschnitt ab, um ihn zur Kompostierungsanlage in die benachbarte Kreisstadt zu transportieren. Sie sind wohl schlecht gelaunt, denn ich höre ihr lautes Gezeter bis hier herauf.

Vielleicht wäre ich ja auch genervt, wenn ich am Samstag so eine Arbeit verrichten müsste. Da geht es mir ganz gut, obwohl ich zu meiner Rente auch noch hinzuverdienen muss. Na ja, der Rubel muss rollen. Ab und an möchte ich mir auch mal etwas gönnen, eine Tasse Kaffee in angenehmer Atmosphäre und dabei mit netten Leuten plaudern.

Derjenige, der in dieser Zeit einen Job hat, ist froh. Es gibt genug Arbeitskräfte, die nur über eine

Zeitarbeitsfirma in einem Betrieb arbeiten und nicht wissen, ob sie dort eine Festanstellung bekommen. Viele stecken dadurch in der Warteschleife fest, wie bei einem Telefonanbieter. Und was ist da mit Familienplanung, mit Alleinerziehenden mit Kind?

„Weißt du noch, mein Lieber, als wir hier aufgewachsen sind? Kaum Häuser, nur Felder, die von den Bauern beackert wurden. Ja, abgerackert haben sie sich alle. Geschunden für ein bisschen Speck, den sie auch auf den eigenen Rippen gebrauchen konnten. Leider hat es nicht funktioniert. Sie brauchten keine Schlankheitskur, denn die schwere Arbeit verbrannte jede Fettzelle ihres Körpers. Die Pfunde purzelten von allein herunter. Kalorien. Joule. War das eine Krankheit? Niemand hätte mit diesen Begriffen etwas anfangen können. Abends krabbelten ihre bleiernen Beine von allein ins Bett."

Ein verschmitztes Lächeln huscht über ihre eingefallenen Wangen.

„Schönes Bild, die langen Unterhosen mit dem Latz vorne zum Aufknöpfen, die nur alle paar Tage gewechselt wurden. Montags war Waschtag. In jedem Haus roch es nach Lauge von Kernseife, die wurde aus Knochen von Tieren hergestellt. Igitt."

Ihr Gesicht verzerrt sich angeekelt zu einer Grimasse.

„Die Wäscheleinen in den Gärten bogen sich unter der Last der bunten Kochwäsche. Nicht jeder hatte das Geld, um sich die weiße Seidenbrokat-Damast-Bettwäsche zu kaufen. Nur die begüterten Bauern konnten ihren Töchtern die so genannte Aussteuer für die Hochzeit bezahlen. --- Was? Ich soll nicht so laut über die Leute reden? Viele besaßen damals überhaupt nichts. Einige, die keinen Grund und Boden aufweisen konnten, waren als Magd oder Knecht bei Großbauern in Stellung und wohnten auch da. Im Winter wurde viel Zeit im warmen Bett verbracht, es gab noch keinen Fernseher. Alle mussten Brennholz sparen. Kohle und Briketts waren nicht bezahlbar. In dieser Zeit sind viele Kinder geboren worden, und dadurch bekamen die Mütter noch mehr Pflichten auferlegt. --- Du hast richtig gehört, die Frauen hatten doch die meiste Arbeit. Wenn ich an meine Mutter denke, was sie alles geleistet hat. Sie verrichtete ihren Dienst bis zur Erschöpfung. Ihr Körper war am Ende ausgezehrt und verbraucht. Lebensfreude und den Ausdruck Lebensqualität kannte meine Mutter nicht."

Die Dame hustet, atmet schwer und sackt in sich zusammen. Das Gespräch, obwohl nur sie allein redet, strengt sie sehr an.

Jetzt sieht sie noch kleiner und hilfloser aus, als vorher. Was mache ich? Ist denn hier wirklich niemand, außer ihr und mir? Sie schaut mir ins Gesicht, als hätte ich sie bei irgendetwas ertappt. Dann lenkt sie ihren Blick auf ihre Füße. Ich folge ihrem Augenspiel. Sie trägt selbst gestrickte, bunte Wollsocken und versteckt sie schnell in den viel zu großen, grau-schwarz-karierten Filzpantoffeln. Das sind eindeutig Männerhausschuhe.

Ein seltsames Gefühl überkommt mich. Ist sie aus irgendeinem Haus, vielleicht sogar Heim, weggelaufen? Das Beste wird sein, ich nehme sie mit zu meinem Wagen, fahre hinunter in den Ort und frage die Bewohner, ob jemand diese kleine Frau kennt.

„Das wollten wir nicht", erzählt sie weiter, „hatten andere Pläne, studieren, in die weite Welt hinaus, andere Kulturen kennen lernen und natürlich Spaß haben. Kinder wollten wir vorerst auch nicht, darum haben wir auch verhütet. Macht das die Jugend heute auch?"

Ihr Blick ist geradeaus gerichtet.

Will sie jetzt von mir eine Antwort? Was soll ich ihr sagen, da ihr Mann anscheinend anwesend ist. Ich zucke mit den Schultern, nicke verlegen und schaue zur Sonne hinauf. Diese wohltuende Wärme auf meinem Gesicht; und ich tauche für einen Moment in ein Flammenmeer ein, dessen heiße, wogende Wellen, meinen gestressten Körper durchströmen. Was für ein berauschendes, erregendes Gefühl.

„Gut", sagt sie und spricht wieder mit ihrem Mann, „war auch besser so, denn als du in den Krieg ziehen musstest, wäre ich mit einem Kind allein zurückgeblieben. Und die Leute redeten immer, obwohl viele was zu verbergen hatten. Illegitime Kinder von Bauern und deren Mägden, da gäbe es einige Geschichten zu erzählen. Über uns nicht. --- Ja, sicher haben wir noch vorher geheiratet, du musstest ja zur Front. Hast du das alles schon vergessen? Wie kann man das? Ich weiß es noch wie heute. Du hast heimlich einen Walzer geübt, weil du dich beim Hochzeitstanz nicht blamieren wolltest. Hat mir deine Mutter ins Ohr geflüstert. Reg dich nicht auf, es ist doch schon so lange her. Du kanntest sie doch. Man konnte ihr nichts anvertrauen. --- Bist ja immer auf dem Schützenfestball bei mir auf den Füßen gestanden. Konntest nicht mal den Takt halten, darum wollte ich nicht mehr mit dir tanzen. Aber geliebt, lieb gehabt, haben wir uns. Sag jetzt nicht, dass das nicht stimmt. Die Schmetterlinge in unseren schmächtigen Bäuchen kribbelten ganz schön. So, wie du immer hinter mir her geschaut hast mit deinen blauen Kullern. Ich habe schon wahrgenommen, dass du etwas von mir wolltest."

Ihr gebeugter Rücken bäumt sich ein wenig auf, ihre dunkel geränderten, zusammengekniffenen und tief liegenden Augen zucken schmerzlich, als sie in die Richtung sieht, in der sie ihren Mann wähnt. Ihre schmalen, farblosen und spröden Lippen bemühen sich zitternd um ein Lächeln. Eine Träne rinnt über ihre hohle Wange. Eine Perle, in der sich alle Farben eines Regenbogens vereinen, schimmert auf der matten, bleichen Haut. Sie lässt sie laufen, sich ihren Weg suchen. Wie anmutig sie aussieht.

War das, ist das, Liebe? Über den Tod hinaus? Ein winziger Tropfen, der mein Innenleben noch mehr durcheinanderwirbelt. Mein Herz rast, das Blut fließt glühend durch meine Adern. Dieses überwältigende Gefühl von Verliebtsein habe ich auch kennen lernen, leben dürfen. Es war einmal.

Was würde sie tun, wenn ich sie jetzt einfach in den Arm nähme? Nicht aus Mitleid, nein, denn sie erinnert mich an ...

Ich muss plötzlich an meine geliebte Oma denken. Wir sind sehr innig miteinander umgegangen. Meine Oma war immer für mich da, wenn ich sie brauchte und sie brauchte mich.

„Du warst achtzehn Jahre, als du deiner Mutter gesagt hast, dass du mich heiraten willst. Ich sehe noch genau ihr entsetztes Gesicht und wie sie sich ihre Lippen blutig biss. Ich dramatisiere nicht! Sie wollte unbedingt das Fräulein Tochter vom Bürgermeister zur Schwiegertochter. Die hatte eine Hornbrille mit dicken Gläsern und war hässlich; aber die Familie war finanziell gut gestellt, und sie wäre dann mit dem Bürgermeister verwandt gewesen. Das hat deine Mutter damals überall erzählt. Ja, Einbildung ist auch 'ne Bildung. --- Aber du wolltest mich. Mein weißes Kleid war aus Omas Hochzeitskleid und meinem Kommunionskleid zusammengenäht. Sah aus dem Rahmen fallend aus. Einen Modezaren kannten wir damals nicht. Dieser hätte es professionell geschneidert, nur wäre es für meine Eltern nicht erschwinglich gewesen. Wir haben geheiratet! Ich war so stolz, als mich mein Vater zu dir an den Altar führte. --- Ja, ich gebe es zu, du warst, bist und bleibst meine einzige, große Liebe."

Sie stottert, erneut verirrt sich eine Tränenperle in ihr Gesicht.

„Ach, nicht nur wegen der Witwenrente. Sicher wolltest du mich auch versorgt wissen, wenn du von der Front nicht mehr zurückgekommen wärst, aber das war ja nicht der Hauptgrund. Du hattest Angst, dass ich einen anderen, hübscheren, kennen lerne und dass dieser mich dir wegschnappt. Eifersüchtig warst du! Außerdem hast du mir doch schon im Sandkasten zugeflüstert, dass du mich heiraten willst, wolltest dich sogar mit mir verloben. War das lustig. Aber woher Ringe nehmen? Aus einem Kaugummiautomaten? Kaugummiautomaten kannten wir noch nicht, hätten auch kein Geld für diese süße, verformbare Kaumasse bekommen. Taschengeld erarbeiten? Aber dafür waren wir noch zu klein und Kinderarbeit war und ist immer noch verboten. --- Angeblich soll das Kauen positive Eigenschaften haben. Vor allem zur Stressbewältigung, außerdem würde das Konzentrationsvermögen gesteigert. Ha, da kann ich nur lachen. Du hast doch Tonnen von dem Gummi gekaut. Die Amerikaner, die nach Kriegsende in unserem Ort am Waldrand ein Zeltlager aufgebaut hatten, haben Mengen davon im Gepäck mitgebracht. Und?"

Sie trocknet die salzigen Tränen in ihren brennenden Augen und die, die mittlerweile auf ihrem Rock angekommen sind, mit einem Spitzentaschentuch, das sie aus dem linken, ausgefransten Kostümärmel hervorholt.

„Auf den Verlobungskuss warte ich heute noch, mein Herz. Wann du mich heiraten mochtest, konntest du mir aber nicht sagen. Lach nicht, ist nicht komisch. Erst versprechen und dann nicht halten. Habe lange auf deinen Antrag gewartet. Klar, erst die Schule und dann die Ausbildung. Das waren alles Ausreden, mein Lieber. --- Aber wir konnten uns nicht aus den Augen verlieren. In diesem kleinen Kaff war das gar nicht möglich. Wir besuchten dieselbe Schule. Du in der Jungenklasse, ich natürlich Mädchenklasse. Die Regeln der Schulbehörde mussten schließlich beachtet werden. So ein Quatsch. Wenn sich ein Junge mit einem Mädchen treffen wollte, hat er es immer geschafft. Gründe hatten wir immer parat."

Zaudernd und schweigsam legt sie den Stock auf ihren Schoß und faltet ihre kleinen, schmächtigen Hände wie zu einem Gebet. Was passiert hier? Hat sie den Faden verloren? Wie viel Erinnerungen mögen in ihrem Gedächtnis gespeichert sein?

Es ist unglaublich, was ein Mensch alles in seinem inneren Tresor behalten kann. Gute und schlechte Zeiten. Ich bin ganz schön neugierig, wie es weitergeht. Soll ich sie bitten, weiter zu erzählen? Nein, ich gestatte ihr den kleinen Moment der Ruhe.

Ich schlucke, eigentlich wollte ich mir eine kurze Verschnaufpause nehmen, aber jetzt bin ich in dieser Geschichte gelandet. Krieg möchte ich nie erleben.

„In den Pausen tauschten wir heimlich unsere Butterbrote. Auf deinen Stullen war Leberwurst, auf meinen Käse. Den mochte ich nicht, der roch so streng. Du warst mein Retter. Mein Prinz ohne Pferd. Mutter hat sich gefreut, dass ich meine Schnitten immer brav aufaß. So sind Mädchen nun mal erzogen worden. Gehorsam. --- Dann kam der Krieg und die Entscheidung wurde uns abgenommen. Gott, wir sind noch so jung und unerfahren gewesen. --- Erinnerst du dich, als du nach zwei Jahren von der Front heimgekommen bist? Deine Mutter ist durch die ganze Ortschaft gerannt. Mein Sohn kommt, er lebt! Sie rief es so laut, dass es jeder hören konnte. --- Du kamst nach Hause, in die kleine Kammer über der Scheune, die auch deinen Eltern gehörte. Im Haus war ja wenig Platz. Da oben war unser kuscheliges Reich, unser Schwalbennest unterm Dach, mit wenigen Möbeln, einem Schrank, einem kleinen Tisch und zwei Stühlen. --- Ja, grins nicht so, auch ein Bett stand dort. Wir machten es uns gemütlich auf unserem Nistplatz, so gut es ging. Gekocht wurde bei Mutter. Bratkartoffeln oder Mehlpfannkuchen gab es oft. Die mochte ich am liebsten mit Äpfeln. --- Da standest du nun mit deiner Krücke. Dein linkes Knie war durch Granatsplitter schwer verletzt. Ach, Walzer tanzen konntest du ja sowieso nicht. --- Das Förderliche an deiner schlimmen Verletzung war, dass du nicht mehr in den Krieg ziehen musstest. Ausgemustert. Gott, war ich froh und glücklich, dass du wieder bei mir warst. Ich bin in die Kirche gerannt und zündete eine große Kerze an. Die paar Pfennige opferte ich gern. Dann lief ich schnell zurück nach Hause. Ich goss dir heißes Wasser zum Baden in die Zinkwanne. Da lachte dein kummervolles Herz, schlug Purzelbäume vor Freude. Ich seifte dein mageres Skelett vorsichtig und gründlich mit dem Waschlappen ein. --- Nein, nur den Rücken. Weiter durfte ich nicht, das konntest und wolltest du allein. Deine Hände sind auch größer als meine."

Sie betrachtet ihre linke Hand und lächelt belustigt, wohl auch über sich selbst.

„Deine Bekleidung stank fürchterlich. Ich musste sie tagelang in Schmierseife einweichen. Gott sei dank sind die Untermieter ausgezogen. --- Welche Untermieter? Die kleinen Bewohner, die sich mit ihren Kauwerkzeugen in deiner dünnen Haut festgebissen und in deiner Unterwäsche eingenistet hatten. Die Läuse meine ich. --- Ganz stolz zeigtest du mir dann deine Socken, selbst gestopft. Ich glaube, ich habe mich damals ganz schön amüsiert, weil sie so anders aussahen. Kein Mucks von dir, aber dein seltsamer Blick sagte alles. Ehrlich, du dachtest, ich lache dich aus. Nein, ich habe dich nicht verspottet, sondern über die Socken gefeixt. Wenn ich die so verschönert hätte, wären sie im Müll gelandet. Die Löcher einfach nur mit Zwirn zusammenziehen, das ist nicht stopfen. --- Aber zum Boden schrubben waren sie gut genug. Natürlich vorher gewaschen. Ich wollte den Geruch nicht auf dem Fußboden verteilen! Es war ein ekelhafter Gestank, roch nach Verwesung einer toten Katze. Den kenne ich. --- Reg dich bitte nicht schon wieder auf. Es war so! --- Sauber, aber etwas konnten wir erst mal vergessen. Die Wundschmerzen in deinem lädierten Knie plagten dich sehr. Angeblich störte es beim ... Du weißt, was ich meine. Liebkosen, Zärtlichkeiten austauschen, mehr vermochten wir nicht. Das konntest du gut, so leidenschaftlich, dass ich manchmal dachte, ich werde verrückt vor Glück.“

Impulsiv schießt glühende Röte in mein Gesicht und die Feuersäule lodert im ganzen Körper. Verlegen und erhitzt blicke ich mich um. Es ist wirklich sehr schön hier.

"Und dann hast du mir doch noch zwei bildschöne Kinder gemacht. Warum ich das so sage? Weil es ein wundervolles Gefühl ist, ein Kind in sich heranwachsen zu spüren. Ja, ich weiß, ich bin dadurch erst aus der Form geraten und dann mager geworden. Kinder ziehen ja auch Energie. Denk mal zurück, es war ja auch eine Zeit der Entbehrungen. Die letzten Kartoffeln haben wir vom Acker gesucht, Reisig aus dem Wald gekl..., gesammelt. Einen Ast angespitzt. Die trockenen Pflanzen angezündet und die kleinen Kartoffeln, die wir auf den Stock spießten, in einem Feuer auf dem Feld gebraten. Heute sagt man wohl gegrillt. Die Kartoffeln dufteten und schmeckten so himmlisch, auch ohne Salz. Da waren wir für einen kurzen Moment glücklich. Die Arbeit auf dem Feld war sehr anstrengend, da dein Vater und wir alles ohne Maschinen bearbeiten mussten, nur mit unseren Händen. Die sahen auch dementsprechend aus, mit Schwielen und aufgeplatzten Blasen. --- Dein Vater tauschte in der Zeit Schweinefleisch gegen Milch und Brot, brachte dir ab und zu ein Ei und eine dicke Scheibe Speck mit, damit du kein Klappergestell bleibst. Geräucherter Speck mit Senf auf Brot war damals Luxus. Da läuft mir jetzt noch das Wasser im Mund zusammen. Heute kennt das wohl kaum noch jemand."

Die kleine Person sitzt jetzt ganz still, in sich gekehrt. Schaut sich immer wieder um, als ob sie jemanden sucht. Ich atme tief durch.

„Siehst du, da unten wohnt unser Sohn, mit unserem Enkelkind. Ja, nur ein Enkel. Es ist nun mal so, wenn deine Tochter und ihr Mann doch kein Kind wollten und lieber in einer großen Stadt wohnen und dort arbeiten. --- Was meinst du damit, der konnte nicht? Hack nicht so auf deinem Schwiegersohn rum, ist doch nicht unser Problem. Dein Liebling, dein Schätzchen, ist doch damit einverstanden und mit ihm glücklich. Sie haben sich eben arrangiert. Seit ihrer Geburt achtest du auf die Kleine. Verhätschelt und vertätschelt hast du dein Küken. Wie eine Glucke hast du über sie gewacht. Keinen Schritt durfte das Fräulein ohne dich machen. Sogar zum Tanzkurs hast du Deine Demoiselle begleitet. Bist so lange im Saal gesessen, bis die Stunde beendet war, um sie dann wohlbehalten wieder mit nach Hause zu nehmen. Du eifersüchtiger Kerl, und kein Mann war gut genug für dein Juwel. --- Meinst du es war richtig, die Kinder in diese Welt zu setzen? --- Was, warum ich so komisch frage? Wir wollten doch damals keine. Wir wollten reisen, die Welt sehen und nicht hier, in diesem kleinen Ort unseren Lebensabend, wie du es immer nanntest, verbringen. Wer hatte denn die

Arbeit im Haus und Garten, mit den Kindern und dem Getier? Unnützes Viehzeug war das für dich. Du schwärmtest von Luxuskarossen und Bungalows. --- Na ja, viel Vieh blieb uns nicht mehr. War auch gut so. Eine Sau mit ihren sechs Ferkeln, die dauernd quiekten und ein stolzer Gockel mit seinem Harem, den dummen Hühnern. Du nanntest auch die Tochter vom Nachbarn so. --- Doch, du erklärtest, da kommt das Küken, das dumme Huhn wieder, denn jedes Mal, wenn sie Eier bei uns holte, fragte sie, habt ihr auch einen Hahn? --- Bitte? Bleib friedlich. Sicher haben die Männer gearbeitet, soweit es damals Arbeit gab und kleines Geld nach Hause gebracht. Um die Familie zu ernähren, reichte es trotz allem nicht. Ja, und Frauen haben nichts getan, kein Stück Land umgegraben, kein Gemüse gepflanzt und geerntet, kein Obst gepflückt, stundenlang alles geschält, geschnippelt? Die Gummis, Klammern, Einweckgläser gespült, befüllt, in den großen schweren Topf auf dem Kohleherd ins Wasserbad gestellt, abkühlen lassen und im Keller eingelagert? Diese Schlepperei. Und alles ohne Hilfe."

Ihr Gesichtsausdruck verändert sich. Ist nicht mehr so weich. Etwas anderes keimt in ihr auf. Wut oder Ärger? Ruhiger, wohl mit sich versöhnt, schildert sie ihrem Mann weitere Details aus ihrem früheren Leben.

„Nach dem Schlachten der Schweine wurde das Fleisch für die Würste zerkleinert und in die in Salzlake gereinigten Därme gepresst. Anschließend gebrüht oder in der Räucherkammer unverderblich gemacht. Aus dem Kopf und den Füßen wurde Sülze gekocht und auch eingeweckt. Ställe wurden ausgemistet und mit der Gülle unsere Felder gedüngt. Das war noch Naturdünger. Die viele Wäsche haben wir am Waschbrett gewaschen, im Garten getrocknet und anschließend mit diesen schweren Gussdingern gebügelt, die auf dem Kohleherd erhitzt wurden, die Männer wurden bekocht und Rotznasen geputzt. Auf den Knien die alten Dielenbretter geschrubbt. Soll ich weiterreden? Ich weiß, wovon meine Knie immer wund gescheuert waren, vor allem im Sommer, in der Hitze. --- Du bist ja auch den ganzen Tag in der Stadt, im Stahlwerk, gewesen. Wegen deiner Behinderung konntest du eine leichte Tätigkeit annehmen. Nach einem arbeitsreichen Tag, so hast du deine Anwesenheit im Werk beschrieben, wolltest du immer deine Ruhe, abschalten. Von was? Für mich ging es nach dem Abendessen in der Küche weiter. Spülen und aufräumen. Für mich gab es nie Feierabend. --- Wieso? Wer ist nachts aufgestanden, wenn die

Kinder den ersten Zahn bekamen, und jammerten? Oder wenn sie mit Fiebergrippe zu Bett lagen und die Waden mit nassen Tüchern eingewickelt werden mussten, damit die Temperatur sinkt. Eine heiße Suppe bringen, damit sie schneller gesund wurden. Und dann den nächsten Tag durfte ich mit dem ersten Hahnenschrei aufstehen. --- Wer hat die Hühner geschlachtet, gerupft, dann die Hühnersuppe gekocht, die du auch so gerne mochtest? Wer hat sich mit den Hausaufgaben der Kinder beschäftigt? Wer ist mit ihnen zum Bach gegangen, damit sie schwimmen lernen konnten? --- Warum zum Bach? Hier gab es doch kein Schwimmbad. Du kannst dich aber wirklich an gar nichts mehr erinnern. --- War mir klar, deine so genannten ‚Vereinstreffen‘, die muss man ja im Kopf haben. Immer wenn der Fußballverein rief, warst du flink unterwegs, auch mit Stock. --- Ja, jetzt schimpfe ich mit dir. Das hätte ich viel früher machen sollen. --- Ich war nicht eifersüchtig. Auf was und wen denn auch? Auf deine angetrunkenen Kumpane? --- Nein! --- Ja, natürlich hatten wir Frauen unser Kaffeekränzchen. Auch mal mit selbst gemachtem Eierlikörchen Die Hühner legten doch genug Eier. Und zudem, mein Lieber, haben wir Frauen dabei gestrickt, gehäkelt und genäht. Aus alten Sachen neuwertige gezaubert. Du hast gesagt, die selbst gestrickten Pullover halten dich warm. Und dein Anzug kam auch nicht vom Schneider. --- Ja, ein wenig zu eng und die Hose zwei Zentimeter zu kurz, aber er stand dir ganz gut. Vor Hochwasser brauchtest du keine Angst zu haben, die Hose wäre nicht eingelaufen."

Die Frau neben mir lacht laut und hopst voller Enthusiasmus. Ich bekomme Angst, dass die Bank durch diese Erschütterungen doch zusammenbrechen könnte. Aber nichts passiert.

„Unserer Nachbarin gefiel der Anzug. Aber vor allem der, der in ihm steckte. Puh, ihr sind fast die Augen aus dem Kopf gefallen. Wie die dich angesehen hat. Deine Gesichtsfarbe änderte sich schlagartig von bleich auf hochrot. Meinst du, ich merke nicht, wenn du nach anderen Frauen schaust? --- Tust du nicht? Jetzt lügst du."

Stillschweigen. Fahre ich wieder zurück in die Stadt? Ich weiß nicht, ich kann diese liebenswerte Dame, die mir so viel aus ihrer Vergangenheit erzählt, hier nicht allein sitzen lassen. Sie dreht sich langsam zu mir, und wir haben den ersten intensiven Blickkontakt. Hat sie mich erst jetzt wahrgenommen? Aber sie hat mir doch den Platz neben sich angeboten und schon einige Fragen an mich gerichtet.

Merkwürdig ist das schon und auch irgendwie drollig. Spielt sie mir hier eine an Demenz erkrankte Person vor und befindet sich zeitweise in einem anderen Leben?

„Wissen Sie, meine Kinder sind toll. Sie sind gut erzogen worden. Sie erlernten nach dem Studium einen tollen Beruf, verdienen gutes Geld, bauen Häuser, reisen viel und sehen sich die bunte Welt an. Sie lernen fremde Kulturen kennen. Das, was mein Mann und ich uns vornahmen, leben unsere Kinder. Und unser Enkelkind bekommt alle seine Wünsche von seinen Eltern erfüllt, was uns damals finanziell nicht möglich war. Aber mein Mann und ich vermittelten ihnen Werte. Leider sind Tugenden in der heutigen Zeit bedeutungslos. Es zählen andere Werte, es geht nur noch um Dollars. Aktien. Sie haben nie etwas Unrechtes getan, hoffe ich doch. Ich weiß von keiner Schandtat. Dass sie ab und zu den Erwachsenen Streiche spielten, wer hat das nicht als Kind?"

Sie wendet sich von mir ab und spricht wieder mit ihrem Mann.

„Du konntest es doch auch. Hast deiner Mutter oft einen kleinen, grünen Frosch in ihre alten Schuhe gesteckt, die sie zum Stall ausmisten anzog. Aber geküsst hat er Mutter nicht."

Wieder lacht sie schallend auf. Ihre Augen funkeln und strahlen wie Diamanten. Auch ich kann mir das Lachen nun nicht mehr verkneifen. Ich will ihr sagen, dass mich ihre Geschichte sehr berührt und begeistert, doch sie ignoriert mich und plappert munter weiter. Schade, ich hätte gern mit ihr geplaudert. Verweile weiterhin als stumme Zuhörerin. Traue mich nicht, ihren Redefluss zu unterbrechen.

„Einmal ist sie vor Schreck in die Mistgrube gefallen. Ich sehe den Hosengürtel von deinem Vater noch, der auf deinem nackten, knackigen Po ... --- Tat mir nicht weh. So eine Bestrafung kennt unser Sohn nicht. --- Weil du dich daran erinnert hast, wie lange du nicht sitzen konntest. Bist auf einem Kissen gesessen, weich, von den Federn eurer Hühner."

Sie plustert sich auf und gackert wie ein Huhn. So viel Temperament habe ich dieser silberhaarigen Frau nicht mehr zugetraut. Ich bin total überrascht.

„Genug, genug Schadenfreude. --- Ja, ich weiß, wir durften oft Kindermädchen spielen. Du hattest aber auch viel Spaß mit deinem Enkel. Du brachtest ihm das Fahrradfahren bei und bautest mit ihm in deiner kleinen sogenannten Werkstatt eine Holzeisenbahn. Viele Stunden hast du mit ihm in dieser Holzhütte gesessen. Behaglich eingerichtet hattest du sie, das muss ich dir zugestehen, das konntest du. Fantasie beflügelte dich oft. --- Ich weiß, wovon ich rede.

Sie schaut entrückt zum Himmel, als befände sie sich in diesem Moment in einem fernen Universum.

„Gemütlich ist es gewesen, in deiner kleinen Männer–WG. --- Wie? Den Ausdruck kennst du nicht? Wohngemeinschaft; ist doch heute im Trend. Das ist auch so ein neumodisches Wort; vor allem für alte Leute. Ich habe es neulich gehört, als sich darüber unterhalten wurde. --- Ich und neugierig? Nein! Ich habe nicht gelauscht, stand zufällig daneben. Die Betagten unterstützen sich gegenseitig, jeder macht, was er noch kann. Kochen, putzen, waschen, alles ist geregelt. Und wenn einer ausfällt, kommt der nächste. --- Was, makaber? Ja, ist so. Wir werden alle ersetzt. --- Ach, komm, du bist doch stolz auf deinen Enkel. --- Was, nervig? Warum haben wir nie darüber geredet? Ich dachte immer, dass es dir gefällt, etwas mit ihm zu gestalten. --- Wie, du hast die Zeit mit ihm verbracht, damit du nicht immer meine Nörgelei hören musstest? Ich und nörgeln? Mir gingen deine Kneipengänge am Sonntag und deine Kumpel auf die Nerven. Vor allem der Lange, der oft mit zu uns kam. Puh, hatte ich den gefressen. Sitzfleisch hatte der.

Ich konnte sagen, was ich wollte. Der stand nicht auf. --- Was meinst du? Er war beleidigt, weil ich ihm deutlich zu verstehen gab, dass er gehen sollte? Klar, es war doch immer so spät, und wer musste den nächsten Tag früh raus? Du konntest doch liegen bleiben, Frührentner! --- Jawohl, Frührentner, soll ich das wiederholen? Das willst du alles nicht mehr wahrhaben. Frühschoppen, was für ein Geistesfunke. Wer hat es erfunden? Männer. Die Frauen schufteten zu Hause am Herd und warteten mit dem Essen auf den gnädigen Herrn. Wenn du spät aus dem Gasthaus kamst, hattest du keinen Hunger. Musstest erst ein Nickerchen auf der Couch machen. Immer wieder musste ich das Mittagessen am Abend aufwärmen. --- Wir haben viel für unsere Kinder getan. --- Was heißt, ob das alles richtig war? Wir mussten uns eben damals durchkämpfen, mit dem wenigen Geld und einem Bankkredit schafften wir es, unser kleines Häuschen mit dem schönen Garten zu bauen. --- Ja, meinem Garten. Blumen, Gemüse, alles von mir angepflanzt, weil du keine Ahnung davon hattest. Vegetation war für dich ein Fremdwort. ‚Für das Unkraut ist meine Frau zuständig.' Puh, wie oft habe ich den Satz von dir gehört. Jedes Mal, wenn ein Nachbar meinen Vorgarten bewunderte, musstest du diesen Kommentar wiederholen. Dein

Rasen wurde nicht gerühmt, weil er immer zu hoch wuchs. Du hast ihn oft mit der Sense geschnitten, buchstäblich niedergemacht. --- Ach, mein Lieber, das ist doch schon lange her. Warum darüber diskutieren. Heute ist alles anders. Unsere Kinder besitzen moderne Geräte. Ja, wenn das alle so machen, müssen die anderen das nachäffen. Das ist nichts mehr für uns. Lass sie doch. Wir sind nicht mehr für sie verantwortlich, wann kapierst du das endlich? Außerdem kümmern sie sich doch rührend um uns. --- Ach, du schon wieder. Dein Gedächtnis ist nicht auf dem Laufenden. Kümmern, ich bin noch ganz klar im Kopf, im Gegenteil zu dir. --- Bitte, was sagst du? Ich, ich, ich, ... Wenn sie doch kein Zimmer für uns frei haben? Sie haben doch so oft Besuch und feiern nun mal gern. Aber ich bin nicht traurig! Das kleine Zimmer im Haus Rosengarten ist doch recht nett. Es ist genug Platz und Raum für uns und unsere Möbel. Wir besaßen damals auch nicht mehr. Und das Essen ist auch passabel. --- Wie, der Fisch, den sie uns freitags immer auftischen, riecht so komisch? Stell dich nicht so an, denk mal an früher, da wären wir froh gewesen, wenn wir Fisch bekommen hätten. --- Was meinst du damit, abgeschoben? Meine Erziehung sei schuld daran?"

Ärgerlich stampft sie mit dem Stock so fest auf den Boden, dass einige aufgewühlte Kieselsteine einen stürmischen Luftsprung machen und gereizt runterrasseln.

„Mein Mann muss immer das letzte Wort haben."

Ich bin aufgeregt. Das Blut pocht heftig in meinen Adern. Wie lange sitze ich hier eigentlich schon? Es müssen Stunden vergangen sein. Ein leichter, frischer Wind kommt auf, lässt mich frösteln. Die Sonne liebkost mit einem verblassten Kuss die Baumriesen, bevor sie den Zenit überschreitet und von uns Abschied nimmt.

Schade. Nehme ich diese Frau jetzt mit?

Ein knirschendes Geräusch wie von einem Handwagen, der über Geröll gezogen wird, ertönt hinter der Biegung. Gleich darauf steht ein junger Mann mit einem Rollstuhl vor uns.

„Ach, hier sind Sie! Gut, dass wir Ihren Lieblingsplatz mittlerweile kennen. Es ist Zeit für das Abendessen. Können wir gehen?"

Der Pfleger – so sieht er jedenfalls aus – schaut mich an, grüßt und nimmt die zierliche Frau am Arm. Er setzt sie sehr sanft und liebevoll in den Rollstuhl. Sie sträubt sich ein wenig und möchte wohl lieber laufen.

Ich will ihn fragen, wo diese taffe Dame wohnt und wie alt sie ist. Als habe der junge Mann meine Gedanken erraten, sagt er zu der zierlichen Frau: „Meine gute Elisabeth, wir wollen doch nicht, dass Sie fallen und nächsten Sonntag Ihren neunzigsten Geburtstag im Haus Rosengarten im Bett feiern müssen. In dem Zimmer ist kein Platz für uns alle. Sie haben mir auch einen Geburtstagstanz versprochen. Ihre Lackschuhe sind schon geputzt."

Mit einem vielsagenden Lächeln schaut mich der Pfleger an und nickt mir zu. Fast gehorsam wie ein Kind lehnt sich die liebenswerte Dame so, wie es ihr mit ihrem krummen Rücken möglich ist, stolz und aufrecht an der Rückenlehne des Rollstuhls an.

„Los geht's, aber vergessen Sie meinen Liebsten nicht, der kann doch nicht so schnell. Er hat ein kaputtes Knie! Wir müssen langsam gehen. Komm, du Liebe meines Lebens. --- Ist der Anzug von meinem Herzblatt gebügelt und sein weißes Hemd? Sind seine Schuhe gewienert? Mit Spucke geht das am besten. Den ersten Tanz habe ich nämlich ihm versprochen. Ich traue mich aber nur, weil ich Geburtstag habe. Und wenn er mir auf die Füße tritt, sind Sie ja da. Dann dürfen Sie mich auffordern. In Ordnung?"

„Okay", sagt der Pfleger grinsend und verabschiedet sich ohne Worte. Er schiebt mit einer Hand den Rollstuhl, die andere hängt in der Luft, so als habe er jemanden eingehakt.

Ihr Taktstock schwingt munter. Ihre Lebensgeister sind voll da, als sie anfängt zu summen und dann leise »eins, zwei drei – eins, zwei, drei« singt. Ihre kleinen Füße zappeln unruhig in den viel zu großen Filzpantoffeln über die Fußbretter. Es ist ein Walzer.

Ich werde noch eine Weile hier sitzen bleiben und überlegen, ob ich die reizende Dame an ihrem neunzigsten Geburtstag besuche. Ob ich noch mehr über sie und ihren Mann erfahren kann, über die Kriegs- und Nachkriegszeit. Denn diese kleine, lebenserfahrene Person erzählte so leidenschaftlich und schillernd über ihr Leben und ihre große Liebe.

Meine Wissbegierde ist entbrannt und lässt mich auf meine Kindheit zurückblicken. Wie ist das gewesen, als ich ein Kind war? Ich bin nach dem Krieg aufgewachsen, habe ähnliche, sogar identische Erlebnisse gehabt. Die Geschichte dieser smarten Person zieht sich wie ein roter Faden durch mein Leben und die Erinnerungen an meine Eltern und Großeltern.

Meine Eltern, wie haben sie das alles verkraftet? Vier Kinder ernährt und erzogen. Sie haben nie geklagt und ihr Dasein gemeistert, den Umständen gemäß. Und heute?

**Sonntag.**

Es ist kurz nach neun. Ich habe nicht gut geschlafen. Mein Schädel brummt. Nach dem Erlebnis gestern schwirrten mir so viele Gedanken durch den Kopf. Bis halb drei Uhr nachts habe ich im Wohnzimmer gesessen, den Tag noch mal Revue passieren lassen.

Hoffentlich kann mich die Wechseldusche beleben? Ich werde nach dem Frühstück alles aufschreiben, was mir noch im Gedächtnis geblieben ist.

Der Herbsthimmel ist heute verhangen, schattige Wolken verfinstern ihn, schieben sich vor meine geliebte, herzstärkende Sonne. Tanzende, jungfräuliche Wassertropfen paaren sich mit dem Land. Mir bleibt wohl nichts anderes übrig, als abzuwarten, bis der Regen nachlässt. Vielleicht ist es nur ein kurzer Schauer. Die Bäume schwanken heftig, sodass die Blätter herunter purzeln, wie von Geisterhand in die Luft gehoben werden und endlich, nach einem Salto, zu Boden gleiten.

So schnell, wie der Wolkenbruch gekommen ist, ist er auch vorbei. Ausgeweint ziehen die düsteren Schatten weiter. Der Himmel ist wieder lichterfüllt. In den kleinen Wasserlachen putzen die Meisen ihr Gefieder. Sie haben sichtlich Spaß dabei, denn sie hüpfen und springen. Ich denke, Vögel fliegen? Gut gelaunt und albern mache ich einige Notizen.

Es wird aber doch ein ernstes Thema! Wie war das mit der Ernährung nach dem Krieg? Was geht es uns heute gut. Die Geschäfte sind überfüllt mit Lebensmitteln. Obst und Gemüse ganzjährig erhältlich. Aber das Land wird mit Pestiziden überdüngt, verseucht. Gemüse wird als „Bio" verkauft. Gibt es das wirklich? Wie viele Jahre muss ein Landwirt seinen Acker brach liegenlassen, damit der Boden sich von der Chemie erholt, um wirklich Biogemüse darauf anbauen zu können?

Müssen wir eigentlich Erdbeeren im Winter essen? Ich kannte im Winter nur Kohlsorten, Spargel im Frühjahr, einige Obstsorten im Sommer oder Herbst. Fleisch gab es nur am Wochenende und Fisch am Freitag. Auch wenn das Zuchtfleisch, ob Schwein, Rind oder Huhn mit Hormonen belastet ist, heute werden jedes Jahr Tonnen davon verzehrt. Sind wir so programmiert? Hat das was mit der Steinzeit zu tun? Die Mastbetriebe und das darin produzierte Fleisch werden angeblich von

46

Veterinären kontrolliert. Rinderwahn, Schweinepest und Vogelgrippe sind Krankheiten, die global epidemisch agieren. Aber woher kommen sie? Hierüber machen sich nur wenige Gedanken. Auch nicht über die Produktion, wie viel Energie und kostbares Trinkwasser zur Herstellung für nur ein Kilo Fleisch benötigt wird. Die Tiere werden quer durch Europa gekarrt, von einem Betrieb zum nächsten. Viele kommen dabei um. Sterben mangels Trinkwassers, durch Überhitzung und Platzmangel in den Viehtransportern. Von den Schlachtbetrieben möchte ich gar nicht reden. Hauptsache billiges Fleisch. Im Sommer, Grillzeit, können die Einkaufswagen nicht groß genug sein. Prall gefüllt sind sie mit Körperteilen von Tieren, als Steak, Rippen oder Wurst in verschiedenen Variationen. Das muss ich nicht haben. Ab und zu als Genuss, ja, aber nicht aus Völlerei.

Haben wir keine Achtung mehr vor der Kreatur, die für uns gemästet, geschlachtet und getötet wird, damit wir uns die Bäuche vollschlagen können? Kein Wunder, dass die Menschen immer fülliger werden. Der Krieg, Zeit der Entbehrung und das nachfolgende Wirtschaftswunder mit Esslust sind längst vorbei. Wir sind im Schlaraffenland, leben im Überfluss und müssen keinen Hunger erleiden. In vielen älteren Köpfen steckt das aber noch fest.

Für die jungen Menschen ist das übermäßige Angebot selbstverständlich, sie wachsen damit auf. Sehen und kennen nichts anderes. Woher auch, wenn die Eltern es ihnen vorleben, das riesige Angebot nutzen? Es werden unglaublich viele sogenannte „Sonderangebote" gehortet. Wann wollen wir das alles verzehren? Was wir nicht essen, nicht essen wollen oder zu viel einkaufen, kommt auf den großen Müllhaufen. Ich schließe mich da nicht aus. Auch mir passiert es, dass ich zu viel einkaufe.

So, für heute habe ich genug geschrieben. Morgen ist auch noch ein Tag.

Ach, da fällt mir ein, dass meine Großeltern in dem Haus, in dem wir alle wohnten, nicht nur Hühner, sondern auch Schweineställe hatten. Jedes Jahr kam ein Metzger aus der Nachbarschaft zu uns und schlachtete eine Sau. Wir Kinder wurden dann immer ins Haus geschickt, durften das Töten des Tieres nicht mit ansehen. Manchmal schlichen wir uns heimlich hinaus und sahen das tote Schwein an einer Leiter hängen, bevor es ausgeweidet wurde.

**Montag**.

Das Wetter ist wie gestern, mal grau und mal trauen sich ein paar gebündelte, goldfarbene

Sonnenstrahlen durch das Wolkendach. Ich habe Kopfschmerzen. Wahrscheinlich habe ich am Samstag zu viel Sonne abbekommen. Mein Gesicht ist noch leicht gerötet und meine Augen brennen.

Später muss ich einkaufen, meine Wäsche bügeln und an meinen Notizen arbeiten. Milch und Äpfel darf ich nicht vergessen, ich will mir Mehlpfanne-kuchen backen. Mit Zimt und Zucker bestreut sind sie sehr lecker. Ich habe seit Samstag so richtig Heißhunger auf diese kleinen Kraftbomben. Komisch. Also los. Milch kaufen.

Viele Milchbauern werden in den Konkurs getrieben, weil die Milch durch die gesteigerte Produktion zu preiswert abgegeben wird und sie somit zu wenig daran verdienen.

Aber wohin mit dem Überschuss? Ausgießen? Hinzu kommt, dass durch Klimawandel und Erderwärmung, große Naturkatastrophen, Hitze und Überschwemmungen Getreideernten, auch das Raufutter für das Vieh, weltweit vernichtet werden. Nicht vergessen, aus Biomais wird Kraftstoff gewonnen und dadurch vielen Menschen das Grundnahrungsmittel versagt. Sie müssen es käuflich erwerben, anstatt es für den Eigenbedarf selbst anbauen und nutzen zu können. Menschen in vielen Ländern der Welt leiden Hunger, könnten durch unsere entsorgten Lebensmittel ernährt werden. Nur leider ist die Entsorgung für westliche Betriebe ertragreicher. Es gibt Unternehmen, die durch Abfall reich werden. Skrupellose Geschäfte werden getätigt. Eine Schande.

Liegt es an Misswirtschaft? Börsenmakler spekulieren sehr erfolgreich. Unter anderem auch mit Lebensmitteln. Riesige Gewinne werden hierdurch für Aktionäre erzielt. Gewissen? Na, ja, mit Geld schläft es sich ruhiger. Oder?

Können wir mit dieser Erkenntnis die Welt retten? Das Individuum kann nur einen kleinen Teil dazu beitragen, indem es mit vielen kommuniziert, auf die Probleme aufmerksam macht und um Gehör bittet. Vielleicht hört ja mal einer zu.

Gott sei Dank gibt es noch so etwas wie Menschlichkeit. Wenn auch wenig. Leute, die sich ehrenamtlich um Menschen in Not kümmern. Sie haben in einigen Städten die sogenannte Tafel eingerichtet. Hier werden gespendete Lebensmittel umsonst oder für minimales Entgelt abgegeben.

Jetzt habe ich Milch und Äpfel eingekauft. Zu blöd, habe wieder vergessen, nachzuschauen, ob die Eier im Kühlschrank fristgerecht haltbar sind. Ich fahre nicht noch mal mit dem Auto los, um frische zu kaufen. Sprit für eine Packung Eier verschwenden? Nein, dann gibt es nur ein Butterbrot.

Hühner, da fallen mir spontan die vielen Hühnerfarmen ein. Die Eier werden in riesigen Maschinen ausgebrütet. Nach dem Schlüpfen werden die kranken Küken aussortiert, männliche sofort getötet und im Schredder zerkleinert. Die übrigen zu Tausenden an Betriebe geliefert, in denen auch sie speziell gezüchtet werden. Sie fressen den ganzen Tag, bis sie nach einem Monat ihr Gewicht für die Schlachtung erreicht haben. Eine halbe Milliarde Hühner werden so pro Jahr für uns als Billigfleisch produziert. Erschreckend. Gezüchtet zum Sterben. Da wir mit unserem zivilisierten Lebensstil sehr verwöhnt sind und nur das Beste vom Tier essen wollen, werden die übrigen Kleinteile ins Ausland verschifft. Den einheimischen Völkern, die vom eigenen Hühnerbestand leben, um sich einen besseren Lebensstandard aufzubauen, wird auf diese Weise die Existenz genommen.

Okay, alles im grünen Bereich. Meine Gelüste können ausgelebt werden. Pfannkuchen. Himmel, lecker. Ich werde für meinen Sohn einige übrig lassen. Er ist auch so ein Leckermäulchen.

So, schreibe ich weiter? Nein, für heute ist es gut. Morgen ist auch noch ein Tag.

Ach, eine Geschichte fällt mir noch ein. Einmal ist meinem Großvater der Gockel abgehauen, nachdem er ihm mit dem Beil den Kopf auf dem Holzblock abgehackt hatte. Kopflos rannte der Hahn noch einige Meter über den Hof. Mein Opa war so erschrocken, dass ihm das Beil aus der Hand und auf den Holzschuh gefallen ist. Der Schuh war gesplittert, die Zehen aber noch dran.

**Dienstag**.

Ich habe letzte Nacht von meiner Oma geträumt. Früher, das heißt, bis mein Sohn geboren wurde, hatte ich Albträume. Auch diese Geschichte habe ich mal aufgeschrieben, für mich zur Erinnerung.

Ein kleiner Text daraus: Meine Oma war immer für mich da und beschützte mich, wenn ich sie brauchte. Vor allem des Nachts, wenn ich mal auf das Klo musste. Das Plumpsklo war unten im Haus, neben dem Schweinestall. Ich hatte panische Angst hinunterzugehen. Manchmal huschten Wasserratten durch den Hühnerstall und flitzten dann ins Haus. Sie kamen von dem Kanal, der hinter dem Grundstück floss. Bei Hochwasser war es besonders schlimm. Gruselige Tiere mit langen Schwänzen.

Ich bekomme jedes Mal eine Gänsehaut, wenn ich daran denke oder es jemandem erzähle.

So, Haare stylen, der Job wartet. Nach Feierabend werde ich noch kurz durch die Stadt laufen und mal Schaufenster ansehen. Keine Ahnung, welche Farben in diesem Herbst Trend sind. Es nieselt wieder. Noch einen neuen Schreibblock kaufen und dann nach Hause. Ich werde mich gemütlich mit einem guten Buch auf die Couch legen. Ach, mein Sohn will auch noch von seiner Schicht abgeholt werden. Gut, danach ins Bett. Lesen hat sich für heute erledigt.

**Mittwoch.**

Tag X rückt langsam näher. Heute ist mein freier Tag, wenn nicht mein Chef kurzfristig anruft und mich für nachmittags ins Büro ordert.

So, weiter schreiben. Der Frosch in den Schuhen fällt mir wieder ein.

Ich schließe meine Augen und stelle mir vor, wie die Frau den Frosch in der Hand hält und muss laut lachen. Die ältere Dame auf der Bank neben mir hatte mich total mit ihrer Geschichte verzaubert. Ja, einen Frosch küssen, möchte ich das? Prinzen gibt es doch nur im Märchen. Die Welt da draußen sieht ganz anders aus. Ich kenne einige Edelmänner, die Schmuck aus Katzengold tragen. Sie sind nur mit sich selbst beschäftigt und passen auf, dass ihnen kein Zacken aus der Krone fällt. Machos, eben.

Diese Herren meinen, sie seien klüger als Frauen, die nur für den Haushalt und zum Kinderkriegen auf der Welt seien. Sie bestimmen und sehen sich als den Patriarchen. Und so werden viele Frauen auch behandelt. Gleichberechtigung ist für solche Männer ein Fremdwort. Darum werden Frauen und Männer immer noch für den gleichen Job unterschiedlich entlohnt.

Die Frauenquote soll eingeführt werden. Wann? Sind die Politiker sich mal einig? Vor allem die Vorstände. Alle Intelligenztests, in denen die Männer besser abschneiden als die Frauen, wurden von Gehirnforschern widerlegt. Normalerweise habe ich was gegen Statistiken, das sind nur Zahlen auf Papier, aber in diesem Fall glaube ich das mal. Frauen hingegen haben sich weiterentwickelt, im Gegensatz zu den Grandseigneurs.

Immerhin, für die Kosmetikbranche haben sich einige Mannsbilder geöffnet, und diese verdient nicht wenig am männlichen Geschlecht.

Na ja, ehrlich, viele junge Frauen können ja noch nicht mal kochen. Es gibt genug Fertigfutter. Pizza- und Pommesbuden und so weiter. Ich kenne Frauen, die haben die teuerste Kücheneinrichtung, aber nur als Statussymbol. Gekocht wird hier selten, vielleicht an Feiertagen, wenn die Familie mal eingeladen wird. Dafür gibt es Kochsendungen zur Genüge im Fernsehen. Sogar mit Gewinnausschüttung, wenn man sich nicht dumm anstellt, und was dort gekocht wird, ist so simpel! Aber wer hat als Normalverdiener, als so genanntes „Leibgericht", jeden Tag Rinder- und Schweinefilet oder Jakobsmuscheln auf dem Teller? Was wird uns hier vorgespielt?

Wie gesagt, das ist nicht mein Ding. Ich koche, wie ich es von Mutter gelernt und abgeschaut habe. Und es schmeckt.

Ferner ist heutzutage Shoppen im Netz angesagt. Schuhe, Bekleidung, alles so einfach. Was nicht passt, wird portofrei umgetauscht. Was für eine Welt.

Aber es gibt auch Frauen, die handwerklich begabt sind. Ich kann einen Nagel in die Wand hauen und vielerlei mehr. Das habe ich damals beim Umbau meines Elternhauses beweisen können. Geldmangel macht erfinderisch.

**Donnerstag**.

So langsam hat sich mein Teint normalisiert. Ich sehe aus wie immer, ziemlich blass um die Nase. Makeup schmiere ich recht selten auf meine doch schon durch einige Falten gereifte Haut. Egal, heute noch mal kurz meinen Job erledigen, dann kann ich wieder meinem geliebten Hobby frönen. Schreiben.

Golf und Tennis sind nicht meine Spiele, ich muss sehen, fühlen und gestalten. Ein wenig Acrylmalerei habe ich angefangen. Nur so, zum Spaß. Mir gefällt es. Und bunt sind die Bilder auch. Ach ja, Fotos, die ich schieße, bringe ich mit meinen Gedichten zusammen und veröffentliche sie in meinen Büchern und auf Postkarten. Das ist auch kreativ. Einige sind mir gut gelungen. Ich will mich nicht selbst loben, aber die Resonanz ist gut.

So, jetzt werde ich mich genüsslich auf den Feierabend einstimmen.

**Freitag**.

Heute wird es nichts mit Formulieren. Irgendwie bekomme ich den Dreh dazu nicht. Liegt es am Wetter? Das ist doch gar nicht so schlecht, Herbstwetter eben. Dann wird halt geputzt.

Die Nachbarskatzen, die mich laufend besuchen, machen ganz schön Dreck. Die fusseligen Haare fliegen wie kleine Fallschirmchen überall herum. Da hilft nur ein elektrisches Gerät, mit dem ich alle aufsaugen kann. Ansonsten bleiben sie beim Wischen im Aufnehmer hängen, klettenartig, das ist nicht so prickelnd. Und die Waschmaschine freut sich auch, wenn sich Engelshaare im Flusensieb verewigen. Ja, Engelchen sind die Kater manchmal schon. Immer, wenn sie Futter bei mir wittern, sind sie sehr anhänglich und verschmust. Clever. Engel mit Krallen.

Mein Sohn hat sich Pellkartoffeln mit Sahnehering gewünscht und Kater bekommt Kabeljau in Gelee. Fisch, da ist es wieder, meine Rückerinnerung an Elisabeth.

Unser Ökosystem ist nicht mehr im Gleichgewicht. Kein Wunder, dass die Weltmeere überfischt sind. Dauerhafter Fang verhindert die natürliche Vermehrung und dezimiert den Fischbestand. Viele Arten sterben aus.

Was tun wir dagegen? Weniger Fisch essen? Nein. Aber wir könnten bewusst die Menge reduzieren. Einige Schutzzonen sind eingerichtet worden, in denen der Fischfang kontrolliert wird und eingeschränkt ist. Doch nicht alle Länder richten sich danach. Ich will nicht näher darauf eingehen und möchte meinen Fisch gleich noch mit gutem Gewissen genießen.

**Samstag**.

Ich habe total vergessen, dass ich mich nach der alten Dame erkundigen wollte. Sie hat doch morgen Geburtstag und feiert ihren Neunzigsten. Was kann ich als kleines Geschenk mitnehmen? Würde sie sich überhaupt an mich erinnern? Vielleicht einen kleinen Biedermeierstrauß? Ich werde mich gleich bei der Floristin in meinem Familienladen beraten lassen.

Geschafft, der kleine Strauß wird der jungen Frau gefallen, hoffe ich doch. Was soll man einer älteren Krone der Schöpfung denn sonst mitnehmen? Pralinen mit Nüssen wären sicherlich nicht vorteilhaft wegen des Zahnersatzes. Blumen gehen immer. Bis morgen halten sie sich noch, sie sind ganz frisch.

Was ist heutzutage schon frisch. Über wie viele Wege gelangen Treibhausblumen in die Geschäfte? Rosen aus Afrika, Tulpen und Orchideen aus Holland. Hier, in meiner Heimatstadt, werden auch Orchideen gezüchtet. Kunden in aller Welt können hier ihre Orchideen vermehren, klonen lassen.

Schade, dass ich keine Telefonnummer vom Seniorenheim habe, ich werde mich gleich mal schlau machen. Hätte ja auch den Pfleger fragen können. So einen Pfleger wünsche ich mir auch, wenn ich mal bedürftig bin, aber so weit ist es noch nicht.

In meiner Nachbarschaft ist eine Studienrätin hundertfünf Jahre alt geworden. Sie hat bis kurz vor ihrem Ableben Nachhilfe in französischer Sprache gegeben. Ein Fräulein, weil Frauen früher im Schuldienst nicht heiraten durften, erzählte sie. Leider kann ich diese Aussage nicht überprüfen, trotz Recherche im Internet. Diese gekrümmte Frau ging jeden Tag bei Wind, Regen oder Schnee etliche Kilometer mit ihrem Stock spazieren. Einmal, mein Sohn war zwei Jahre alt und saß noch im Kinderwagen, begrüßte sie ihn ganz herzlich. Da sagte mein Sohn, der für sein Alter schon sehr gut und deutlich sprechen konnte: »Du bist keine Hexe, du hast keine Warze auf deiner Nase.« Wir haben uns köstlich darüber amüsiert und mussten laut lachen. Anschließend sagte er zu mir: »Die ist aber nett, die kleine, schiefe Oma.«

Früher war alles besser, betonen einige ältere Leute. Ich kann es nicht nachvollziehen. Es war eben eine andere Zeit für die, die heute in die Jahre gekommen sind. Aber besser? Auch für Kinder?

Viele Eltern haben wenig, manche aufgrund ihrer Arbeit überhaupt keine Zeit mehr für ihre Kinder. Die Kinder werden nur noch hin- und hergefahren. Schule, Sport, Musik- und Reitunterricht. Oder sie sitzen nach dem Schulunterricht vor dem Fernseher, spielen sowohl am Computer als auch mit der Play-Station, surfen auf ihrem neuen Smartphone und noch vieles mehr.

Die Technik hat sich in den letzten Jahren rasant verändert. Kein Wunder, dass die Kinder schon nahe am Burn-Out sind wie ihre Eltern. Und jeden Tag wird etwas Neues auf den Markt geworfen. Konsum muss angeheizt werden. Die Werbung macht alles möglich. Sie suggeriert uns, dass wir den ganzen Schrott dringend zum Leben benötigen. Quatsch! Aber viele fallen darauf herein. Eltern verschulden sich, werden in die Privatinsolvenz getrieben, weil Kinder die finanzielle Lage nicht einschätzen können. Liegt es an mangelnder Bildung? Ich muss nicht alles kaufen, was mir vorgegaukelt wird. Wo oder wie soll das noch enden?

**Sonntag, Tag X.**

Die letzte Nacht ist endlos gewesen. Jede Stunde habe ich auf die Uhr geschaut. Warum? Das lässt die Zeiger auch nicht schneller laufen. Gerädert stehe ich auf. Puh, kenne ich die Frau im Spiegel? Sie sieht älter aus als ich. Grüßen wäre nicht verkehrt. Ach, ich mag mich, wie ich bin und kann mich nicht verleugnen. Meine Lachfalten, auch die, für die ich noch keinen Namen habe, gehören zu mir, wie die Sterne zum Firmament.

Ich muss über mich lachen.

Wie ist das Wetter? Der Kater gibt keine Antwort und döst vor sich hin. Ich habe ihn erst um vier Uhr ins Haus gelassen. Aber gleich, sobald ich aus dem Bad komme, ist er nicht mehr zu bremsen. Klar, der Hunger macht sich nach einer langen, erfolglosen Pirsch in der Nacht bemerkbar. Manchmal, wenn er siegreich gewesen ist, bringt er seine Jagdtrophäe mit. Ich lasse die Maus dann heimlich verschwinden und erzähle ihm, dass sie nach Hause musste. Glaubt Kater mir sowieso nicht, aber das lässt mich im Glauben, dass es so ist. Puh, Katzen sind Geschöpfe, die uns Menschen Zweifeln lehren.

Letzte Nacht nicht. Im Herbst verirrt sich keine Maus im Garten.

Okay, schnell frühstücken und dann fahre ich los.

Mein Herz bibbert ganz schön, als ich in den kleinen Ort fahre. Ein Navigationsgerät habe ich nicht. Nur eine Straßenkarte aus dem Internet ausgedruckt, die reicht. Karte lesen kann ich. Das habe ich im Urlaub auch gemacht. Aber das ist einerlei. Vergessen und abgehakt, das war in einem anderen Leben.

Irgendwo gleich um die Ecke muss das Haus *Rosengarten* sein.

Erst jetzt fällt mir ein, dass ich überhaupt nicht über den Mann der Dame nachgedacht habe. Ob er noch lebt? Irgendwie war das mit den Filzpantoffeln doch komisch. Hat sie diese als Erinnerung behalten? Ist ihr Mann vielleicht bettlägerig? Der Pfleger hatte sich auch nicht geäußert.

Das Haus sieht sehr einladend aus. Sauber, mit gepflegtem Eingang und großen Fenstern. Durch die Scheiben liebkost die Sonne Grünpflanzen, die sich berauscht und trunken zu ihr emporrecken. Ich komme mir vor, als würde ich ein First-Class-Hotel betreten. Das Personal trägt Uniform in Hellgrün. Grün, Farbe der Hoffnung. Ja, wie viele ältere Menschen hoffen noch auf ein wenig Zuwendung und Liebe.

Jeder Mensch, jedes Lebewesen, jede Pflanze braucht Liebe, wie das tägliche Brot. Lebensnotwendig. Ich spreche jeden Tag zu meinen Blumen. So eine Blütenpracht auf der Fensterbank hatte ich noch nie. Liebe? Ist das der einzig wahre Sinn, um zu existieren? Ich denke, ja.

So, ich erkundige mich mal im Schwesternzimmer, ob man mir die Zimmernummer von Frau Elisabeth, mehr weiß ich ja nicht, sagen kann. Sie habe heute Geburtstag, feiere ihren Neunzigsten.

Die junge Frau fragt, ob ich eine Verwandte sei, ich verneine. Ja, dann dürfe sie mir keine Auskunft geben. Total verkrampft halte ich den kleinen Strauß in meiner Hand, die heftig zittert. Mein

Rheuma quält mich in letzter Zeit. Die Witterung und Kälte verpassen mir ordentlich Schübe. Ich lasse es mir trotzdem nicht anmerken. So alt fühle ich mich auch noch nicht.

Da sehe ich den Pfleger. Er erkennt mich und ein freundliches Lächeln huscht über sein mit Bartstoppeln übersätes Kinn. Ich gehe auf ihn zu und will ihn gerade fragen, wo ich Frau Elisabeth finde, als sich sein Gesichtsausdruck schlagartig verändert. Traurig.

„Kommen Sie", sagt er und führt mich in einen kleinen Raum, der wie eine Kapelle aussieht. Ich ahne, was er mir erzählen will. Meine Hände zittern immer noch, der Schweiß in meinen Achselhöhlen vermehrt sich und läuft unkontrolliert am Oberarm hinab. So etwas ist mir noch nie passiert. Hab ich das Deo vergessen? Nein.

„Hallo erstmal, ich freue mich, dass Sie hier sind. Elisabeth hat mir erzählt, dass Sie den ganzen Nachmittag mit ihr auf der Bank, an ihrem Lieblingsplatz gesessen haben. Sie hatte so viel Spaß und meinte, sie habe zu viel erzählt."

Ich schüttele den Kopf und traue mich nicht, etwas zu erwidern.

„Ja, unsere gute, liebenswerte Elisabeth. Die konnte Geschichten erzählen und hat alle hier wunderbar unterhalten. Keiner war vor ihren Witzen gefeit."

War? Was ist passiert?

„Ja, nun ist sie von uns gegangen."

Wann ist sie gegangen? Wohin? Verstorben? Irrwitzige Gedanken spuken in meinem Kopf.

„Elisabeth, eine wundervolle Frau. Sie hat tolle Gedichte, Romane und Bestseller geschrieben, hier im Heim gelesen und viele einsame Menschen sehr glücklich dadurch gemacht. Wir sind so dankbar für ihr Engagement und werden sie sehr vermissen. --- Elisabeth ist eine Komödiantin durch und durch. Sie hat sogar auf ein Honorar verzichtet."

Ja, klar, und die Erde ist eine Scheibe. Ich muss wohl ganz dumm aus der Wäsche schauen, meine Mimik verändert sich blitzartig.

„Liebe Frau, auch wir sind Elisabeths Charme erlegen, quasi reingefallen. So eine tolle Maske, das Profil, ihr Mienenspiel, alles formvollendet. Das muss man ihr lassen. Perfektion ist in ihrem Beruf selbstverständlich. Leider müssen wir nun auf sie verzichten, was uns sehr schwer fällt. Ein Angebot in einem anderen Haus konnte sie nicht abschlagen. Wir verstehen das sehr gut und gönnen anderen alten Menschen auch das Vergnügen, an Elisabeths Lebensfreude teilzuhaben."

Was ist das hier, ein Witz auf meine Kosten? Langsam werde ich sauer.

„Aber oben, am Hügel, als Sie mit dem Rollstuhl gekommen sind, das war doch kein Spiel? Die Tränen der alten Frau, ihre dunklen Augenränder? Alles wirkte so echt."

„Ihre Tränen. Ja, Elisabeth ist allergisch gegen Wimperntusche, sie hat sie verschmiert, weil ihre Augen brannten."

„Und ihre Hände, die Altersflecken?"

„Ach, wissen Sie, mit Schminke und Geschicklichkeit hat sie so einiges natürlich aussehen lassen. Ja, die gutherzige Elisabeth wusste, wo sich die einsamen Seelen niederlassen, eben auf dieser Bank. Anschließend hat sie die Geschichte und die Reaktionen der Wanderer hier im Haus zum Besten gegeben. Wir haben alle mitgespielt. Es hat so viel Spaß gemacht. Viele konnten es verstehen. Leider nicht alle. Damit meine ich die Demenzkranken."

Gleich platzt mir der Kragen. Was ist das für eine Posse? Jetzt reicht es wirklich. War ich so blind, dass ich nicht gemerkt habe, dass mir eine junge Frau etwas vorspielt? Hat sie mich arglistig getäuscht? Ich muss an meiner Menschenkenntnis, auf die ich bislang immer stolz gewesen bin, zweifeln. War ich so mit mir beschäftigt, dass ich die

Realität verloren und nur das wahrgenommen habe, was ich im Kopfkino hatte? War ich nur eine Testperson für einen neuen Roman? Ich habe die ganze Zeit an meine geliebte Oma gedacht und nur das gehört und gesehen, was ich hören und sehen wollte.

Der Pfleger nimmt mich in die Arme, so, als würden wir uns schon ewig kennen. Wir lachen um die Wette. Tränen kullern aus meinen Augen, einerseits bin ich froh, dass Elisabeth lebt. Andererseits bin ich auch ein wenig enttäuscht. Mit diesem Ende habe ich nicht gerechnet.

Ich drücke dem Pfleger den kleinen Blumenstrauß in die Hand. Er kann ihn behalten oder weiter verschenken.

„Kommen Sie mich mal besuchen?"

„Ja, das werde ich. Möglicherweise gibt es dann ja auch Neues von Elisabeth. Ich würde sie sehr gern wiedersehen. Vielleicht ist ein Bestseller von ihr in Arbeit und ich spiele darin die Hauptfigur. Das wäre was. Tantiemen könnte ich gut gebrauchen."

Diese Frau hat mich dazu veranlasst, mich eine ganze Woche lang mit meiner Kindheit, meinen Eltern, meiner Großmutter und der Welt zu beschäftigen, mir ruhelose Träume geschenkt und mich zum Schreiben getrieben. Ich habe seitenlange

Manuskripte auf meinem Schreibtisch liegen. Und einen neuen Freund gefunden. Nein, ich bin nicht wütend, ich muss laut lachen, als ich leichtfüßig über den Kiesweg zu meinem Wagen gehe.

Ich bin glücklich wie schon lange nicht mehr. Ich reibe meine brennenden, verschlafenen Augen und sehe endlich wieder klar.

# Ausritt in der Nacht

Der mit Wärme erfüllte Rücken bietet mir Sicherheit und Geborgenheit. Ich weiß, dass mir hinter ihren weit ausgebreiteten Flügeln nichts geschehen wird. Ihre silberne Mähne fest in meinen Händen.

Wir galoppieren schwerelos ohne Hufgetrappel hinauf bis zum Wolkendach.

Die Schimmelstute und ich, dem sternenreichen Nachthimmel so nah. Im Weltenraum, einer nicht realen Ausdehnung?

Sternenzwerge streuen ihr blassrotes Licht in die Dunkelheit, Luna hat sich von uns abgewandt.

Eine geheimnisvolle Fügung hatte unserer Selenverwandtschaft den Weg aufgezeigt. Wir sind füreinander bestimmt.

Über den Wolken, fast am Firmament, legen wir nach dieser Herausforderung eine Verschnaufpause ein. Die Stute steht stolz und treu ergeben, wiehert herzerquickend, es vollbracht zu haben.

Das Tagesgestirn erwärmt unsere mittlerweile erkalteten Glieder, bevor die Stute weiter empor trabt. In das Unbekannte hinein. Weit entfernt von den Menschen, die mir einmal nahestanden.

Ich hänge meinen Gedanken nach, verorte sie im Hier und Jetzt. Menschen können so grausam sein.

Totenstille umgibt uns. Nichts kreuzt unseren Weg. Kein Geschöpf außer uns hat sich hierher begeben. Ein Gefühl von Freiheit breitet sich in meinem Herzen aus. Freiheit! Frei, wie ein Vogel. Ich bin glücklich. Aber wird mich irgendwer über mein Glücksgefühl beneiden? Wem könnte ich darüber erzählen, wer würde dieses Erlebnis, würde mich, für vertrauenswürdig halten? Bevor sich mein Erlebnis wie ein Lauffeuer verbreiten würde, schweige ich lieber. Reiner Selbstschutz.

Werde ich hier oben Antworten auf meine Fragen finden? Viele Fragen, die mich seit Tagen beschäftigen.

Kann ich mein Leben nicht wertschätzen? Nehme ich mein Leben bedrohlich wahr? Gehe ich zu geringschätzig mit mir um? Kann ich mich nicht selbst lieben, annehmen, wie ich bin? Fühle ich mich schuldig, aber für was? Problemlösung? Nicht in Sicht.

Ich halte inne. Wie lange kann ich hier ausharren, ohne abzustürzen? Oder ist das meine Vorherbestimmung?

Fakt ist, dass ich hier an diesem dunkler werdenden Ort mit der Stute allein bin. Weit abgerückt von zu Hause.

Mein Blick verliert sich in der Düsterkeit der Nacht, und ich versuche mich in dieser Weltentfremdung an mein Leben drunten zu erinnern.

Ich schaue wie durch eine Glaskugel hinab. Als Randfigur? Mein Rundblick, starr auf des Lebens bunte Fülle gerichtet. Ich blinzle, bis sich meine Augen an diesen Anblick anpassen. Mutter Natur erschließt sich mir – mit dunkelblauen Meeren, braunen Feldern, grünen Wiesen, tiefschwarzen Wäldern und schneebedeckten Bergen.

Sturzbäche fallen in Schluchten, das Echo der Menschen erschallt weithin hörbar. Sie rackern und schuften, wimmeln wie in einem Ameisengewirr. Arm und reich, jung und alt, Freund und Feind.

Von oben, hier am Scheitelpunkt, sieht Terra-X friedlich aus. Zum Sterben schön.

In höchster Vollendung?

Nur eine Illusion?

Mutter Erde: Von Wassermangel, Hitze, Überflutungen, Zyklonen und unsinnigen Kriegen in Mitleidenschaft gezogen.

Ist dort unten etwas, was sich zu lieben lohnt?

Meine Gemütsverfassung: Zwiespältig.

Wir gleiten weiter in das bodenlose Meer der Dunkelheit hinein. Die eisige Finsternis fasst mich an, bringt mich erneut zum Frösteln. Jeder Atemzug verflüchtigt sich in der eiskalten Atmosphäre.

Hier ist etwas, was ich nicht einordnen kann. Du träumst, dringt es wie aus weiter Entfernung an mein Ohr. Traum, bin ich wirklich in einem Traum gefangen?

Ein plötzlicher Stich ins Herz, meine Empathie im Schmerz gefangen, verändert meine Perspektive. Ein dumpfes Unbehagen macht sich in mir breit.

Ich möchte zurück zu meinen Lieben. Vermisse sie. Warum habe ich sie verlassen? Bilder der Vergangenheit fluten ungefiltert meinen Kopf, während ich an die Zukunft denke.

Nehme die Zügel in die Hand, will die Stute lenken. Hat sie meinen Wunsch erhört?

Meine Gefährtin in dieser Nacht dreht in die entgegengesetzte Richtung, schwebt hinab.

Ganz sanft setzt sie auf dem Erdreich auf. Mit einem liebevollen Blick verlässt sie mich, schwingt sich hinauf ohne zurückzuschauen.

Ich habe wieder festen Boden unter meinen Füßen.

*** 

Es dauert nur wenige Sekunden, bis ich begreife wo ich bin und mich langsam im Bett aufrichte.

Was war das? Ein sinnfreier Traum? Was hat er zu bedeuten? Ich horche tief in mich hinein.

Wurde mir im Traum eine Botschaft vermittelt?

Eine Antwort auf ein Triggerereignis aus vergangenen Tagen?

Ich werde ihm keinen Zutritt zu meiner Seele gewähren, die Antworten finde ich in mir selbst, lege die Herausforderungen ohne fremde Hilfe in meine Hände und erfreue mich am Leben.

Ich werde mit Mut, Energie, Frohsinn und Unabhängigkeit meinen Bewusstseinszustand vertiefen und Licht in mein Lebensdunkel bringen.

Mein Leben verstehen. Es wird nie mehr dasselbe sein.

*Die Welt, sie ist herrlich,*
*so von oben gesehen,*
*hier unten ist Leben,*
*und das Leben ist schön.*

# Beschützt

Unkonzentriert setzte Manfred seine Brille ab und rieb seine höllisch brennenden Augen. Nach anstrengenden Stunden an seinem Schreibtisch hatte ihn die Müdigkeit in die Knie gezwungen. Er sicherte die zweckgerichteten Daten auf ein separates Laufwerk und fuhr den Computer herunter.

Die Chance, die Ergebnisse der Forschungen zu Hause digital voranzubringen, hatte ihm gewisse Freiräume ermöglicht. Leider gönnte er sich diese nicht. Wie ein Besessener prüfte Manfred die Ergebnisse der neuen Testversuche und glich sie mit früheren Erkenntnissen ab. Rückschläge waren nicht akzeptabel. Sein Berufsethos verbot es ihm zu versagen.

Leider blieb dabei sein Privatleben auf der Strecke. Er kapselte sich ab, floh in die Einsamkeit. Abgeschottet von dem oberflächlichen Leben draußen zog er sich mehr und mehr zurück.

\*\*\*

Das Studium war ihm seinerzeit nicht leichtgefallen. Mit viel Aufwand, aufopfernder Hingabe und Fleiß erwarb er sich sein heutiges Wissen. Jede Weiterentwicklung der Wissenschaft saugte er begierig auf. Sein Gehirn arbeitete nur in Richtung „uneigennützig".

Er war nie den Weg des geringsten Widerstandes gegangen. Hatte sich geschworen, dass er durch diese Studie den Durchbruch erzielen würde.

Folglich war Manfreds Forschungsdrang bereits mit einem Ehrentitel in der Gentechnologie, belohnt worden.

\*\*\*

Erschöpft stand Manfred vom Schreibtisch auf und schleppte sich hinüber in das Wohnzimmer. Er streifte seine weißen Baumwollhandschuhe ab, betrachtete die Narben und schenkte sich mit zitternder Hand ein Glas Wasser ein. Setzte sich in den bequemen alten Ledersessel, in dem sich die Verschleißerscheinungen der viele Jahre dauernden Benutzung abzeichneten.

In sich ruhend ließ er sich gedanklich auf die Vergangenheit ein, auch wenn es ihm unwahrscheinlich erschien, sich authentisch an seine Kindheit zu erinnern.

Warum war es zum Bruch zwischen ihm und seiner Schwester Brigitte gekommen? Jahrelang schwebte eine Disharmonie zwischen ihnen. Sie waren sich aus dem Weg gegangen. Aber was war der Grund für das Misstrauen dem anderen gegenüber gewesen? War die Nähe und Vertrautheit mit seiner Schwester in der Kinder- und Jugendzeit nur eine gekünstelte, trügerische Fassade, die beide gut zu verbergen wussten? Mal schienen sie untrennbar, dann wieder verloren sie sich aus den Augen.

Sein Trauma, der qualvolle, mühselige Weg bis zur Gewissheit, was damals geschehen war, hatte ihn nie losgelassen. Die Verbitterung darüber, dass seine Eltern ihm viele Jahre ein Geheimnis vorenthalten hatten, hatte seine Wertschätzung für die Schwester gehemmt.

Persönliches war unausgesprochen geblieben. Er hegte keine Illusionen, dass sich die Auseinandersetzungen wirklich klären ließen. War eine Annäherung an Brigitte tatsächlich noch möglich?

Er wollte sich endlich von seiner Verbitterung frei machen und mit ihr versöhnen.

***

Fahrlässige Körperverletzung! Sie war ein Kind, nicht älter als vier. Und er? Zwei Jahre alt. Wie konnte er sie verurteilen? Verachten? Niemand sprach mit ihm über das Unglück, als er noch Kind war: Als sie ihn zum Herd zog, auf das Fußbänkchen hob und seine Hände auf die heiße Herdplatte legte.

War es nur ein kurzer Moment der Unaufmerksamkeit seitens der Mutter, als es passierte? Oder Neid, Eifersucht eines Kleinkindes? Wer vermochte das zu verstehen. Hatten sich die Eltern nicht um beide Kinder in gleicher Weise bemüht? Der Tochter nach der Geburt des Sohnes Liebe und Zuneigung versagt?

Der Schock saß tief. Die Verletzungen durch die Verbrennungen wogen schwer. Das Zellgewebe seiner Handflächen war teilweise zerstört und musste, da die Gefahr einer Sepsis bestand, entfernt werden. Eine Anzahl von OPs folgte. Mit dem Wachstum wurden Hauttransplantationen durchgeführt. Die plastische Chirurgie machte es möglich.

Aber nicht nur die irreversiblen Wundmale an Manfreds Händen waren zu sehen. Auch seine Psyche hatte gelitten. Diese Narben hatten sich fest eingebrannt.

War es folglich Manfreds Bestimmung, dass er intuitiv den Arztberuf gewählt hatte?

***

Brigitte stand vor ihm, mit leeren Augen, das blasswangige Gesicht tränenüberströmt. In diesem Moment empfand er Mitleid mit ihr. Längst schon hatte er ihr verziehen. Sein Anfall von Schwermut

78

verflog endgültig, als er sie in die Arme nahm und hielt.

Jahrelang ersehnte sich Brigitte, Manfreds Schwester, ein Kind. Nach mehreren Fehlgeburten war sie zu ihm gekommen. Bat ihn um Hilfe! Bat ihn darum, die Möglichkeit einer künstlichen Befruchtung zu prüfen.

Nun musste Manfred abwägen, was dafür oder dagegen sprechen würde. Diese Entscheidung konnte ihm niemand abnehmen. Die Unruhe in seinem Kopf, die Ungewissheit, ob er es wagen sollte, nahm mit jedem Ergebnis der Voruntersuchungen zu. Aber solange die leiseste Chance bestand, wollte er seiner Schwester helfen, ihren Wunsch nach einem Kind zu verwirklichen. War es doch seine Lebensaufgabe, Paaren ihren Kinderwunsch zu ermöglichen.

Doch die Realität sah anders aus. Brigittes Sehnsuchtsbild nach einer Familie ließ sich bedauerlicherweise nicht verwirklichen. Ihr war es nicht vergönnt, einem Kind das Leben zu schenken. Die befruchteten Eizellen nisteten sich nicht ein, ihr Körper stieß sie ab.

War das die Strafe für das von ihr als Kind angerichtete Unheil?

\*\*\*

Manfred hatte die Nachtstunden schweigsam an Brigittes Bett zugebracht und wartete darauf, dass sie aufwachte. Wie zerbrechlich sie aussah, ihr kreidebleiches Gesicht verschmolz mit dem schneeweißen Bettüberzug. Es versetzte ihm einen Stich ins Herz. So viel gemeinsame Zeit haben sie verpasst. Er würde ihr sagen, wie sehr er sie liebte, vermisste und bereute, dass er nicht den ersten Schritt auf sie zugegangen sei. Er werde sie in ihrem zukünftigen Leben nicht mehr allein lassen, vor Gefahren beschützen und in allen Belangen beistehen.

Wir sind doch Geschwister. Man liebt und man hasst sich.

Aber Familie ist wichtig und was man liebt, muss beschützt werden.

## Ein Kuss in der Nacht

Der zärtliche, leidenschaftliche Kuss in der Nacht hatte sie sanft aus ihren Träumen geweckt.

Holla, die Waldfee, was passiert hier? Kalt erwischt, setzte Lena sich auf. Fantasierte sie? Umso überraschter war sie, als sie mit einer selbstsicheren Stimme angesprochen wurde.

„Lass mich deine Freundin sein!", hörte sie sagen.

„Wer oder was bist du, willst du von mir?", fragte Lena abweisend.

„Hast du Lust, mit mir auf eine Reise zu gehen?"

„Wohin?"

„In eine Welt, in der sich Realität und Fiktion begegnen. Ich möchte dir bei deinem Bedürfnis, ein Buch zu schreiben, zur Hand gehen. Deinen Traum wahr werden lassen."

Lena ließ sich tatsächlich von ihr verleiten, aufzustehen. Nur wenige Minuten später saß sie im Negligé am Schreibtisch vor ihrem Laptop, ließ sich von ihrer Stimme umgarnen und unbedarft auf ihre Anregungen ein.

„Willst du einen schnulzigen Liebesroman schreiben, oder tiefer in die Seele deiner Protagonisten eintauchen? Falls du letzteres in Betracht ziehst, muss dir bewusst sein, dass du sehr viel Empathie einbringen musst! Dich gedanklich mit ihnen beschäftigen."

„Liebesromane sind mir zu himmelwärts gerichtet", antwortete Lena.

„Was ist mit Nervenkitzel? Fantasie, Kriminalroman?"

„Nein, auch das ist nicht mein Genre!"

„Über wen oder was willst du dann schreiben?", wollte die Stimme wissen. „Worin liegt deine Stärke?"

Ihre Neugier ist ausfallend, stellte Lena fest. Zu viele Fragen, auf die sie im Augenblick keine Antwort hatte.

„Stärke? Ich weiß nicht so recht. Ich liebe Alltagsgeschichten. Erfahrungen, Schwänke aus jemandes Leben. Aus meinem zum Beispiel. Einfach und verständlich. Aber oft fehlen mir für eine Geschichte die passenden Worte, glaube ich."

„Sei nicht so bescheiden, stell dein Licht nicht unter den Scheffel. Trau dir mal mehr zu, bediene nicht nur das Klischee. Es muss doch nicht das Maß aller Dinge sein. Offen sein für Neues sollte dein Leitsatz sein. Geh mal aus dir heraus, experimentiere mit Synonymen."

Stillschweigen. Lena musste ihr zustimmen, von ihren Ideen profitieren zu können und dass sie für neue Akzente in ihren Texten sorgen könnte.

„Welcher Stil gefällt dir besser, gefühlsbeladen oder sachlich? Vielleicht liest du mal Geschichten von anderen Autoren, lässt dich davon inspirieren oder kupferst ab," schlug sie Lena vor.

„Dann ist es aber nicht mehr meine Story", wandte Lena ein.

„Du musst dich entscheiden, entweder – oder!", fühlte sich Lena gemaßregelt.

„Dein Tonfall gefällt mir nicht. Willst du mich dazu manipulieren, Texte abzuschreiben? Da bleibe ich lieber bei der Wahrheit!", entschied Lena. Realität mit Fiktion, das entspricht meiner Ideologie.

„Ich gehe dir zur Hand, falls du keine Vorstellungskraft hast. Gemeinsam können wir soviel schaffen." Ihre Stimme klang einschmeichelnd in Lenas Ohr.

Lenas Gedanken spielen verrückt.

Muss ich mich hier rechtfertigen?

Ich hatte lange keinen Flow, aber Gedanken und Ideen aufs Papier bringen, ist doch eigentlich keine schwere Arbeit. Wie könnte ich die Leser damit einfangen, ihnen Lesevergnügen bescheren? Sie bespaßen? Oder sind meine Geschichten zu lang-weilig für die Lesenden?

„Ich möchte eine perfekte Geschichte schreiben!", befiehlt Lenas Stimme.

„Ok, ich werde dir dabei helfen, deinen Protago-nisten Leben einzuhauchen und sie mit all ihren Geheimniskrämereien in die Welt hinausführen."

Lena zuckte mit den Schultern. „Ja, ich habe ver-standen", antwortete sie und vermied es, weiter mit ihr zu diskutieren.

Kurze kleine Erzählungen sollten es werden. Aber worüber?

Lena schrieb drauflos, Worte, wie ihr der Schnabel gewachsen war, blieb aber mitten im Satz stecken. Sie hatte das Bedürfnis ihre Augen für einen Mo-ment zu schließen, unterdrückte ein Gähnen.

„Lass dich nicht aus deinem seelischen Gleichge-wicht bringen, schreibe was tief in deinem Inneren, in deinem Herzen wohnt. Nutze deine Chance. Lass dich nicht verunsichern, höre auf deine Intuitionen. Da liegst du immer richtig. Veröffentliche deine Ge-schichten, damit die Nachwelt Nutzen daraus zie-hen kann."

In Lena gärte es. Meine neue Freundin glaubt wohl, sie als Expertin der Materie hat die Weisheit für sich gepachtet, kann meine Schreibkenntnisse für gut befinden oder die Texte in die Tonne schmeißen. Nun ja, in gewisser Weise ist ihr das wohl zuzugestehen, ihre Ideen sind zum Vorteil für diesen Text, setzen Modifikationen, musste Lena letztlich neidlos anerkennen.

In der Tat, den Stilbruch erkannte Lena zu ihren Gunsten. Greifbar. All ihre Inspirationen, der Aha-Effekt, mussten zu diesem Zeitpunkt schriftlich fixiert werden, bevor Lena den roten Faden verlor.

In ihrem Kopf waren die Geschichten bereits fertig. Blieb nur noch die Frage, was sie hier machte, mitten in der Nacht?

***

Schon seit einer Stunde, einer gefühlten Ewigkeit, starrt Lena auf den Laptop, das geöffnete Schreibprogramm. Der letzte Text für ihr kleines Buch mit Geschichten, die das Leben schrieb, soll endlich zu Ende gedacht und getippt werden. Das Zeitfenster, um das Manuskript zum Verlag zu geben, würde sich bald schließen. Viele Stunden hat Lena täglich in der vergangenen Woche mit ihr am Laptop gearbeitet.

Aber wo bleibt sie heute nur? Sie hatte es ihr doch fest versprochen! Sehr unprofessionell. Dann muss ich mein Glück eben ohne sie versuchen, motiviert sich Lena.

Sie streicht sich die langen lockigen Haare aus dem Gesicht hinter die Ohren und will beginnen. Ein Gefühl von Lustlosigkeit überfällt sie, und ihre Finger berühren die PC-Tastatur nur oberflächlich, ohne auch nur einen Buchstaben einzutippen.

Lena fleht ihre Handglieder an. Bitte, seid gnädig mit mir, bewegt euch, drückt endlich die Tasten herunter!

Nichts. Ihre Finger bleiben steif und kraftlos. Wir können nicht, scheinen sie Lena zu sagen.

Unruhig steht Lena auf, geht ins Bad und lässt warmes Wasser über ihre Hände rinnen. Das entspannt, entkrampft sie ein wenig. Kribbelndes Leben kehrt in ihre Finger zurück, allerdings ohne die geringste Spur von Eile.

Ihr Thinkpad steht im Stand-by-Modus für sie bereit. Erneut setzt Lena sich wieder an ihren Laptop. Zurück an die Tasten. Doch die Finger verweigern erneut ihre Tätigkeit. Wieder kann Lena sie nicht überzeugen, sich zu rühren und zu regen. Sie gehen nicht darauf ein, einfach das zu tun, was Lena von ihnen verlangt.

Natürlich hatte sie die Fingerübungen viel zu schnell vergessen, die ihr die Ärztin in der Handchirurgie verordnet hatte. Wie die Schonung ihrer Finger in einem zeitlichen Ablauf auch. Und seit

Wochen liegen die Igelbälle von der letzten Übung neben der Tastatur auf dem Schreibtisch.

Ohne lange zu überlegen, greift Lena zu, will mit jeder Hand einen Ball greifen. Knack! Die Schnappfinger-Falle schnappt zu. Lenas Finger bleiben in dieser Haltung, einer Faust, stecken. Was tun?

Zu Scherzen ist Lena in diesem Moment nicht aufgelegt. Dieser Zustand wird hoffentlich nicht bleiben. Angst und Verzweiflung machen sich in ihr breit.

„Streng deine Gehirnzellen an, welcher Cortex im Denkapparat die Feinmotorik deines Handelns steuert. Du solltest vorsorglich die Zentrale, das Kleinhirn überlisten!", ertönt jäh ihre Stimme. Sie sitzt schon eine ganze Weile unbemerkt neben Lena.

„Aber wie und mit welcher Methode? Und wer ist der Ansprechpartner?" fragt Lena verunsichert. Lena schaut zur Wand, als stünden dort die Antworten auf ihre Fragen.

„Das, meine Liebe, kann ich dir nicht beantworten. Fakt ist, dass du Informationen darüber im World Wide Web googeln kannst. Wie dein Hirn tickt. Was sich darin abspielt. In diesem Netzwerk aus Millionen Zellen, einem Rausch der Sinne mit Reizempfindungen. Einer einheitlichen Welt. Das

Gehirn macht mit dir, was du bist. Hier entstehen Gedanken, Gefühle, Erinnerungen, das Ich-Bewusstsein. Alles wird ergründet, nichts bleibt ein Geheimnis. Verfehlungen und auch Segensreiches Du siehst mit dem Gehirn, nicht nur mit den Augen."

„Welch Erkenntnis!", würdigt Lena ihre Ausführungen sarkastisch.

Sie will sich nicht weiter von ihr bevormunden lassen, konzentriert sich auf sich selbst, ihr Gedankenspiel und das Finger-Problem.

Zum wiederholten Male versucht sie mit den gegenüberliegenden Daumen über Kreuz ihre Finger wieder in den Urzustand zurückzubringen. Doch das Zusammenspiel von Nerven und Armmuskulatur zeigt keine Wirkung.

Wollt ihr mir etwa einen Streich spielen, mich triggern?

Lena erkennt, dass man sein Schicksal nicht herausfordern soll. Schweißgebadet von den anstrengenden Versuchen schreit sie bei jedem weiteren Bemühen auf. Dann endlich: Langsam bringen Lenas Daumen ein Fingerglied nach dem anderen wieder in die richtige Stellung, verbunden mit heftigem, reißend brennenden Schmerz und knirschenden Geräuschen. Schließlich sind beide Hände geöffnet.

Der Laptop wird zugeklappt. Lena hat begriffen. Sie muss sich mit der Tatsache abfinden, dass ihre Finger nicht mehr flexibel und gesund genug sind, um stundenlang mit ihr an einem Manuskript zu arbeiten. In Zukunft wird sie sich nur noch für ein Vierundzwanzigstel eines Tages von ihr, ihrer Muse, küssen lassen.

# Kleinkrieg in der Zulassungsstelle

Mutter wartete voller Ungeduld auf Luise. Es war 14.00 Uhr, der Kaffeetisch war gedeckt, in der Mitte stand eine kleine Blumenvase mit Vergissmeinnicht.

Luise hatte heute ihre Führerscheinprüfung. Sie hatte fleißig für diesen Tag geübt. Es durfte nichts schief gehen.

„Wir Prüflinge werden uns im Anschluss zu einer kleinen Feier im Gasthof treffen. Falls ich nicht bestehe, komme ich sofort nach Hause."

Mutter nahm sie in den Arm, spuckte dreimal über Luises Schulter und wünschte toi-toi-toi.

Bereits um 14.30 Uhr schloss Luise die Haustür auf, ging in die Wohnung hinein. Ihre Mutter kam ihr im Hausflur entgegen, schaute sie fragend an.

„Du siehst geschafft aus." Ihre Mama schüttelte bedauernd den Kopf.

„Ach, Mama, du bist die Beste." Luise zog ihre Jacke aus, hängte sie an den Haken und setzte sich wortlos an den Kaffeetisch.

„Mach es nicht so spannend," Mutter holte die Kaffeekanne, um einzuschenken. In diesem Moment erschien Luises Führerschein – den sie in ihrer Hosentasche versteckt hatte – in ihrer Hand.

Alles war gut. Das Fahrzeug stand vor der Tür. Es fehlte nur die Anmeldung. Ein VW-Käfer. In weiß. Geschenk der Eltern für die bestandene Prüfung. Aber auch mit einem Hintergedanken. Luise würde ab heute die Einkäufe der Mutter mit dem Fahrzeug erledigen.

* * *

Die Sonne brach aus der Morgendämmerung hervor, als sich Luise frohgemut auf den Weg zum Straßenverkehrsamt machte. Ihr Ziel in Reichweite, der Fahrzeugschein für ihr erstes Auto. LP-LP 1809. Ihr Wunschkennzeichen. Ein eigenes Fahrzeug bedeutete Freiheit. Luise könnte die ganze Welt umarmen.

Doch es kam anders, als gedacht.

Um 7.30 Uhr am 01.04.1975 saß Luise Pfeil mit den erforderlichen Papieren im Flur des Straßenverkehrsamtes in Lippstadt. Sie fieberte dem Augenblick entgegen, ihre Nummernschilder in Empfang nehmen zu können. Noch herrschte kein Andrang. Luise wartete als einzige, aufgerufen zu werden.

Als sie die Tür der Zulassungsstelle öffnete, schlug ihr beißender Rauch entgegen. Sie musste kurz innehalten, um sich hier im Zimmer zu orientieren.

In dem Raum saßen mehrere Beamte, nur wenige davon weiblich. Ist wahrscheinlich Männersache, wenn es um Autos geht?

Einer der Männer, wohl der Älteste, rief von weitem etwas für Luise Unverständliches und winkte sie zu sich heran. Er stand rauchend von seinem Stuhl auf, begrüßte sie mit einem Händeschütteln, wobei er Luise wohl unbewusst den Qualm in ihr Gesicht blies, bevor er die Zigarette in einem Aschenbecher zerdrückte.

„Bitte setzen sie sich, was kann ich für Sie tun?"

„Ich möchte mein Auto zulassen." Luise legte stolz ihren Führerschein, Fahrzeugbrief, nebst Ausweis auf den Tisch. „Das Kennzeichen habe ich bereits Anfang Dezember beantragt." Luise zog ihre Jacke aus und legte sie über den Stuhl.

„Junge Frau, sind Sie allein hier? Ist Ihr Herr Vater nicht mitgekommen?"

Was soll denn diese Frage? „Ich bin volljährig, wie Sie meinem Ausweis entnehmen können." Luise verzog keine Miene.

Nach einem mit gedämpfter Stimme gemurmelten „Entschuldigung" sah sich der Bearbeiter ihre Papiere an.

Luise wandte den Blick von ihm ab, schaute auf die Wanduhr, die direkt über dem Kopf des Mannes angebracht war.

„Leider habe ich eine unerfreuliche Nachricht für Sie, das Nummernschild mit ihrem Wunschkennzeichen konnten wir leider nicht stanzen lassen. Ich schaue mal, was ich tun kann."

„Das ist ein Aprilscherz?" Ihre erregte Stimme hallte durch den Raum.

Der Beamte starrte sie entgeistert an.

„Nein, liebe Frau, das ist kein Aprilscherz! Lesen Sie denn nie Zeitung?

„Ich habe keine Zeitung abonniert." Luise schüttelte ihren Kopf. Daher war sie aufgrund fehlender Information mit den neuen Regelungen der Gebietsreform nicht vertraut. Seit dem 01.01.1975 war Lippstadt dem Kreis Soest unterstellt. Die Rechtslage eindeutig. Schrieb vor, dass Lippstadt und seine Eingemeindungen ab dato Kennzeichen mit SO bekamen."

„Denken Sie, mir als einem geborenen Lippstädter gefällt es, dass ich der Stadt Soest untertan bin? Mehr Arbeit dadurch habe? Im Vertrauen liebe Dame, alle Lippstädter Mitarbeiter machen sich einen Kopf wie ich. Was meinen Sie, was und wie oft wir uns erklären müssen? Warum gerade Soest. Was hat diese Stadt Besonderes?

Wie auf Kommando ließen alle Mitarbeiter im

Raum ihre Kugelschreiber fallen und schauten Luise an. Sie hatte keine Ahnung, was sie hier gerade lostrat.

„Äh, ich bin in Soest geboren, dazu stehe ich." Der Mann stand kerzengerade im Zimmer.

„Ich ebenfalls," rief eine weibliche Stimme aus der hintersten Ecke. Regelrecht verstimmt reagierten die Soester Staatsdiener. Es ging chaotisch zu. Eine hitzige Debatte entfachte sich im Raum. Die Atmosphäre hatte binnen weniger Sekunden zu einem Schlagabtausch zwischen Soestern und Lippstädtern geführt.

„SO, was heißt das schon. Das ist doch ein Allerweltskennzeichen." Der Lippstädter betonte es sehr laut.

„Lippstadt ist viel größer, als Soest!", ertönt es von einer anderen Seite.

„Soest ist eher erbaut, als Lippstadt. Erste urkundliche Erwähnung im Jahr 836." Der Soester war sichtlich erregt.

„Lippstadt 1185. Gegründet vom Edelherrn Bernhard II. zur Lippe. Die Erlaubnis zum Bau als Planstadt wurde vom Kaiser Friedrich I. persönlich erteilt." Herr Müller nickte wohlwissend.

„Auch genannt Barbarossa", bekräftigte eine junge Frau.

„Vor der Gründung gab es bereits Ansiedlungen, eine Wasserburg und Klöster", mischte sich ein weiterer Lippstädter ein.

„Graf Bernhard II. legte um 1200 den Grundstein als Hansestadt." Der ältere Herr, der Luise gegenübersaß, mahnte zur Ruhe.

„Unser Kollege ist sehr schlau! Hört, hört!" Der Soester Mitarbeiter klopfte sich belustigt auf seine Schenkel.

„Ein wandelndes Lexikon." Meyer mischte sich in die Debatte ein, lachte laut auf. So gerieten langsam alle Anwesenden aneinander. Warfen sich nicht nur Nettigkeiten an den Kopf.

„Die NRW-Landesregierung hat 1973 Soest als Sitz des künftigen Kreises beschlossen, basta," warf Meyer barsch in den Raum.

„Hinter dem Rücken unseres Bürgermeisters annektiert," hüstelte Müller. „Gehört Gier nicht zu den sieben Todsünden? Vor fast 600 Jahren haben wir Euch den ... vor den Angreifern gerettet. Ohne uns hättet Ihr den Kampf verloren. Müsstet Ihr uns nicht dankbar dafür sein?"

„Ein waschechter Klugscheißer, unser Professor Müller! Was er alles über Stadtgeschichten zu berichten weiß." Meyer grinste.

„Was bilden Sie sich überhaupt ein? Lippstadt hat mehr zu bieten, als Soest, nicht nur wirtschaftlich, auch kulturell. Wir haben eine erstklassige Gastronomie, Boutiquen, ein Stadttheater und Lippstadt bietet seinen Bürgern vieles mehr. 1231 waren bereits zwei Münzmeister in Lippstadt ansässig, ab Mitte des 13.Jahrhunderts bereits eine eigene Münzprägung mit der Lipperose. Um 1830 sogar ein Hafen. Ergo, was hat Soest vorzuweisen?"

„Bitte entschuldigen Sie meine Ausdrucksweise." Mit einer vorgetäuschten Unschuldsmiene setzte sich Meyer auf seinen Bürostuhl.

„Überhaupt, hier im Raum ist es viel zu voll", bemerkte Müller.

„Was soll das heißen?", empörte sich Meyer. Die Soester waren zur Verstärkung und Informationsauskunft für die Lippstädter Bürger eingesetzt.

„Contenance, Leute! Wir haben hier Publikumsverkehr." Herr Schmidt, der Büroleiter, wünschte sich nun insgeheim, dass er nie um Mithilfe der Soester gebeten hätte. „Lasst uns weiterarbeiten! Es warten noch Kunden draußen," bat er.

Luise fühlte sich schuldig an diesem Disput. Aber was interessierte sie, dass seit Jahrhunderten eine unterschwellige Konkurrenz zwischen Soest und der Hansestadt Lippstadt schwelte, die in der

Gebietsreform von 1975 mächtig Zunder bekommen hatte. Sie wollte doch lediglich ihr Fahrzeug anmelden. Luise stand auf, trat unschlüssig von einem Bein auf das andere, kämpfte gegen Tränen an.

„Bitte, ich möchte doch nur mein Fahrzeug anmelden." Alle Anwesenden schauten auf die junge Frau. Endlich kehrte Ruhe im Raum ein.

„Junge Frau, warum haben Sie sich nicht vorher hier informiert?"

„Muss ich jetzt nach Soest, um dort die Kennzeichen zu bekommen?" Luise müsste dann mit dem Zug fahren.

„Nein, junge Frau. Sie bekommen die natürlich von mir. Warten Sie hier."

Der gute Mann hatte wohl ein schlechtes Gewissen, stellte Luise den Fahrzeugschein aus und begab sich in das Nebengebäude. Kam schnell mit den Nummernschildern, SO-LP-1809, zurück.

Luise bezahlte und steckte die Schilder in den Einkaufsbeutel. Sie schnappte sich ihre Jacke und lief los.

Eine geschlagene Stunde hatte sie im Amt verbracht. Verweint kam sie zu Hause an.

\*\*\*

Am 03.12.2012 um 7.30 Uhr öffnete die Landrätin Frau Eva Irrgang die Pforte der Zulassungsstelle Lippstadt, um das erste Kennzeichen LP, für 40.00 Euro an den Bürgermeister Christof Sommer zu überreichen.

Es herrschte wieder (nie und nimmer) Frieden, zwischen den Soestern und Lippstädter Bürgern.

Nach diesen 37 Jahren konnte auch Luise endlich das Wunschkennzeichen LP-LP 1809 an ihrem Fahrzeug anbringen.

Das Verkehrsministerium hatte nach der Umfrage des Heilbronner Instituts und über die Zulassungs- stellen geklärt, wie groß der Wunsch nach Wieder- einführung des LP- Kennzeichens unzweifelhaft ist. Zirka 75% der Lippstädter erwarteten sehnlich das Kennzeichen LP zurück, weil sie immer noch mit dem Herzen daran hingen. Alte Liebe rostet be- kanntlich nicht.

Nach der Abstimmung des Kreistages am 19.11. 2011 stand der Wiedereinführung des LP-Kennzei- chens nichts mehr im Wege, der Bund machte am 12.11.2011 den Weg zur Zuteilung frei.

# Lippenbekenntnis beim Tanztee

Als sie aufschaute, fiel sie in einen tiefblauen See.

War es eine Sinnestäuschung, oder stand er wirklich vor ihr?

Ultramarinblaue Augen, in die sich Angela (zu ihrem Leidwesen) vor Zeiten Hals über Kopf unsterblich verliebt hatte. Sie bringen eine Seite in ihr zum Schwingen, die sie lange vergessen hatte und auch vergessen wollte.

Durch ihren rasselnden Atem gerät Angela in arge Bedrängnis. Ihr Brustkorb zieht sich krampfhaft zusammen. Der Asthmaanfall kommt zu plötzlich, als der vom Alter schon deutlich gezeichnete Mann vor ihr steht.

Hat er eine Retraumatisierung wachgerüttelt? Soll sie flüchten?

Ihr Herz hämmert gegen die Brustwirbel, setzt einen Schlag aus. Sie fühlt sich ohnmächtig in diesem Schlamassel, braucht ein paar Sekunden, um zu begreifen, dass dies kein Traum ist.

Um ihre Gedanken besser einordnen zu können, geht Angela schnellen Schrittes hinaus. Luft. Sie braucht Freiraum zum Atmen. Setzt sich auf eine Bank vor dem Hoteleingang. Die Musik aus dem

Ballsaal klingt zu ihr herüber. Langsam beruhigt sie sich, ihr Atem wird gleichmäßiger.

Gemessenen Schrittes geht Angela, einen Fuß vor den anderen setzend, zurück in den Tanzsaal. Nach dem ersten Schock hat sie sich wieder im Griff.

Die noch nicht Vergreisten stehen von ihren Stühlen auf und nehmen erneut eine Tanzhaltung ein. In langsamem Tempo, dem Alter entsprechend, bewegen sich die Tanzpaare, drehen ihre Runden. Die Augenpaare ineinander vertieft. Ihre Arme halten ihr Gegenüber fest umschlungen. Sie lächeln. Lächeln sich verliebt an. Tun sich gut.

Mit feuchten Augen setzt Angela sich an ihren Tisch.

Nach vielen Turbulenzen in ihrem Leben hatte sie endlich ihre innere Ruhe gefunden. Ihre Wunden waren verheilt, aber die Narben blieben.

Und jetzt das. Angela ist nun an einem Punkt angelangt, an dem es kein Zurück mehr gibt. Es ist wahrlich kein glücklicher Zeitpunkt für ein Wiedersehen.

*** 

Angela hatte sich sehr auf diesen – ihren – Nachmittag gefreut. Tanztee. Ein buntes Treffen für ältere Herrschaften. 50Plus. Sie war extra etwas früher gekommen, um hineinzuschnuppern, sich in aller Ruhe nach Geistesverwandten umzuschauen.

Einige Abonnenten waren zwar mit Rolli angereist, hatten aber sichtlich Freude daran, (aus Sehnsucht nach alten Zeiten) den Tanzpaaren zuzusehen.

Mit ihren 70 Lenzen fühlte Angela sich dennoch nicht alt. Die Jahre waren ihr nicht anzusehen. Biologisch war sie jünger. Die Gelenke, noch nicht eingerostet, bewegten sich zwar nicht immer so, wie sie es sollten, und ab und an tat ein Hexenschuss das seinige dazu, aber nach den ersten Tanzschritten auf dem Parkett gelangen diese wieder flott und geschmeidig. Das Tanzen hielt sie agil.

Die Herren, die Angela zu einem Tänzchen aufforderten, waren allesamt fern der Siebziger, konnten ihre Begleiterinnen aber meist noch mit einem, wenngleich eher marginalen, Hüftsprung begeistern. Mit neuem Hüftgelenk tanzt es sich besser. Und die Orthopäden hatten nach allem, was man so hört, reichlich zu tun.

Der Beruf und die jahrelange aufopfernde Pflege für ihre Eltern hatten Angela lange ans Haus gebunden. Fernab von Discos oder anderen Events. Das war ihr farbloses Leben gewesen. Sie hatte sich in Geduld üben müssen, aber Ihre Zeit würde kommen, sagte sie sich immer wieder. Ihre Pläne, Heirat, Kinder, all das hatte sie immer wieder auf Eis gelegt. Doch nun, im Ruhestand und nachdem ihre Eltern verstorben waren, hatte sie Zeit. Viiiel Zeit.

Angela hatte schon fast vergessen, Zeit für sich zu haben. Und diese nutzte sie jetzt für Unternehmungen. Für Filmtheater und Musikaufführungen.

Dabei hatte sie ihre Leidenschaft für das Tanzen wiederentdeckt. Sie blühte förmlich auf. Hatte mit 50Jahren noch einen Auffrischungs-Tanzkurs besucht und nahm seitdem jede Tanzgelegenheit wahr, wenn auch nur die leiseste Möglichkeit dazu bestand. Nutzte die Gunst der Stunde.

***

Es ist kein freudiges, nein, ein eher niederdrückendes Wiedersehen für Angela. Über ihr **Gesicht** schleicht ein Schatten, der aber sofort wieder entweicht.

Sein Blick ist so durchdringend, als würde er durch sie hindurchsehen.

„Bitte, Angela, lass uns reden!"

Der in hohen Jahren stehende, zitternde Herr am Gehstock, der wie aus dem Nichts vor ihr steht, bittet um ihr Gehör.

Was führt er im Schilde?

Angelas Gedanken beginnen zu kreisen, ihre Stimme klingt dünn. „Es gibt nichts zu reden. Es ist doch schon so lange her. Es gibt nicht das Geringste, was du mir heute noch erzählen könntest. Ich will es nicht wissen."

Angela seufzte, sie hasste es, so von oben herab angequatscht zu werden, und blickte ihn entsprechend abweisend an.

„Gönne mir bitte fünf Minuten deiner Zeit, lass mich dir erklären ...", stammelte er.

Angela hält einen Moment inne.

„Nein!"

Ihre Grübelei driftet in die Vergangenheit. Wie konnte sie nur so dumm gewesen sein, auf ihn hereinfallen? Hielt er sie immer noch für naiv? Wie damals, als sie ihm alles glaubte, ihm vertraute?

Junge, diese Phase ist lange vorbei! Angela hat keine Lust auf ein Geplänkel. Wohin sollte das führen? In Erinnerungen schwelgen? Sie verspürt den Drang, ihn in seine Schranken zu verweisen, kann sich aber gerade noch zügeln. Zwingt sich, sich nichts anmerken zu lassen.

„Angela, ich habe dir eben beim Tanz zugesehen. Du hast in mir eine Tür aufgestoßen, Gefühle erweckt, die ich wirklich nicht mehr wahrhaben wollte.‟

Du lieber Himmel, was soll ich ihm jetzt darauf antworten.

Es dauerte nur zwei Sekunden, bis sie ihre Gedanken wieder unter Kontrolle hatte. Mit den Augen rollend bestätigt sie ihr Missfallen.

„Leon! Das sind doch olle Kamellen. Was willst du von mir? Ein Bratkartoffelverhältnis wieder beleben?‟

Leon zuckt zusammen, versteht nicht, weshalb sie so kurz angebunden antwortet.

„Bitte, lass mich …‟ Leon ist redebedürftig. Sanft streicht er über ihren Arm.

Gaaanz dünnes Eis. Impulsiv schiebt Angela seine Hand beiseite.

„Was stimmt denn nicht mit dir, Leon? Du willst mir in fünf Minuten verständlich machen, wozu du Fünfzig Jahre Zeit gehabt hättest? Was willst du zur Sprache bringen? Warum ich goodbye sagte? Du warst jedem Weiberrock hinterher.‟

Es war zu Ende gewesen, bevor es wirklich angefangen hatte.

„Ich will mich bei dir entschuldigen, es tut mir schrecklich leid, was ich dir damals zugemutet habe. Du musst verzweifelt gewesen sein.‟

Verzweifelt? Nein. Im Grunde ist Angela froh, dass sie, nicht er, die Beziehung beendet hatte. Eine kurze Liaison, weit in der Vergangenheit liegend.

Leon verdreht alles. Angela sieht auf seine überschaubare, punktuell ergraute Kopfbehaarung, damals eine dunkelbraune Haarpracht.

„Wenn die Haare weichen, wächst der Verstand", hatte Angelas Oma immer gesagt. Angela schmunzelt. Schon klar. Er hat wohl keinen Friseur mehr, dem er seine Anekdoten erzählen kann.

Aber auch ich bin ja nicht mehr mädchenhaft, muss sich Angela eingestehen.

„Es kam zum damaligen Zeitpunkt über mich, wie ein Super-GAU. Wir waren jung. Ich liebte dich, Angela, vom ersten Augenblick an, wusste sofort, dass du mein Leben bereichern, meine freiheitsliebende Seele zur Ruhe bringen würdest. Leider habe ich dir nie gesagt, wie sehr ich dich liebte. Das war mein größter Fehler. Es war besser für mich, dass wir uns nicht mehr begegneten. Je mehr Nähe du zugelassen hattest, umso schwerer wurde es für mich. Ich dachte, ich könnte dir nie genug sein. Es hatte sich so viel Liebe aufgestaut. Auch hatte ich Pläne, die für mich im Vordergrund standen."

Sein Blick wirkt irritierend.

Angela schaut ihn an, sein Gerede ins Reich der Fabeln verweisend. Sie hat für sein Verhalten kein Verständnis.

„Ich hatte dir versprochen, meine schützende Hand über dich zu legen. Bitte glaube mir. Auch wenn ich eine andere geheiratet habe, hatte ich nie aufgehört, dich zu lieben. Ich konnte sie doch nicht allein lassen, mit dem Kind, meinem Kind. Es war ein Fehler, das weiß ich jetzt. Ein One-Night-Stand. Ein Seitensprung mit Folgen. Den ich bis heute zutiefst bereue. Das hätte nie passieren dürfen. Ich war zu feige, dir meinen Fehltritt zu beichten. Also blieb ich dir besser fern, um dir nicht noch mehr Kummer zu bereiten.“

„Ich habe dich nach unserer Trennung mit ihr gesehen, Leon. Es hat sehr, sehr, weh getan! So wie sie hast du mich nie angesehen. Das kannst du nicht gespielt haben. Wusste sie von mir, Leon?“

Lass dich bloß nicht wieder von ihm einlullen! Gott sei Dank hatte sie damals früh genug die Reißleine gezogen. Ihre rosarote Brille abgelegt.

„Was haben wir uns nur angetan, Angela? Wir waren doch ein harmonisches Paar, tanzten im Einklang. Nichts, nicht ein Blatt Papier passte zwischen uns. Aber was hat uns aus dem Takt gebracht? Wir waren durch Liebe und Leidenschaft zusammengeschweißt. Und doch löste sich die Schweißnaht. Erst als ich dich nicht mehr spüren konnte, habe ich begriffen, was ich verloren hatte. Dich, mein Herz. Wir sind seelenverwandt."

„WIR, UNS? Du meinst wohl, was DU MIR angetan hast, Leon. Ich habe lange Jahre keine Gefühle und Vertrauen zu einem Partner aufbauen können."

Alles nur Schnulze und Kitsch! Hatte er das aus einem abgeschmackten Liebesroman? Angela gähnt. Laaangweiiiliiig, seinen kitschigen Worten zuzuhören. Zu unwichtig sind seine Erklärungen, was sie ihr offenbaren.

Angela hatte zugegebenermaßen oft an ihn gedacht, aber an sein Gesicht oder seine Stimme konnte sie sich nach einiger Zeit nicht mehr erinnern. Zu tief saß die Enttäuschung darüber, dass er sie belogen und betrogen hatte. Ihre in jenen längst vergangenen Tagen ganz schön vertrauensseligen Zukunftsträume, ein Leben mit ihm, waren Gott sei Dank ausgeträumt.

„Du bist wunderschön."

Anmachsprüche! Dieses „Kompliment" überfordert sie. Angela zweifelt so langsam an seiner Denkfähigkeit, buchstäblich der Welt entrückt. Für wen hält er mich eigentlich?

Leon mustert sie mit einem unverhohlenen Lächeln. Räuspert sich verlegen.

Sein gewollt becircendes Lächeln hätte Eis brechen können. Aber nicht bei ihr.

„Ja, wenn sie nicht schwanger geworden wäre, wären wir heute glücklich. Aber ich hatte mich letztendlich entschieden, Verantwortung für das Kind und sie zu übernehmen."

„Das ist ja sehr löblich." Seine Selbstinszenierung ist wirklich bühnenreif.

„Sie war eine gute Frau. Hat mir in allen Belangen den Rücken freigehalten, mich gut versorgt. Vor einem Jahr ist sie verstorben. Mein Sohn lebt in Australien und wird nicht zurückkommen. Er hat sich dort sein eigenes Leben aufgebaut. Nun sitze ich ganz allein in meinem großen Haus, ohne Haushaltshilfe. Seit sie gekündigt hat, versorge ich mich selbst, so gut es geht."

Was erzählt er mir hier. Aufpassen, Angela!

„Das Leben ist Veränderung. Das Geschehene kann nicht ungeschehen gemacht werden. Die Welt wird nicht gleich aus den Angeln gehoben, aber lass uns bitte einen Neuanfang wagen. Ein Neubeginn, ohne Lügen. Angela, ich kann dir nicht garantieren, dass ich es schaffen werde. Aber ich werde es versuchen. Für uns."

Ich, ich, ich. Angela findet keine Worte.

„Es ist Schicksal, dass wir uns hier begegnen mussten. Angela, fühlst du denn nicht auch wie ich, dass wir zusammengehören? Ich möchte die Leere in deinem Herzen ausfüllen."

Sie hat keine Leere in ihrem Herzen. Wie kommt er nur darauf? Aus den Augenwinkeln heraus beobachtete Angela sein Mienenspiel. Glaubte Leon das wirklich, was er ihr gerade erzählt? Redet er sich das gerade selbst ein? Seine Überheblichkeit. Das ist der Grund, dass sie ihm auch in diesen Minuten nicht glauben kann und es auch nicht will.

„Du warst, bist, die Einzige in meinem Leben. Wir haben nicht mehr viel Zeit. Das Leben ist zu kurz, um es nicht zu leben, miteinander zu leben. Dieses Mal will ich alles richtig machen, möchte um dich kämpfen, wenn du es zulässt. Nicht kopflos in eine Beziehung rennen. Lass uns den Fehler nicht noch einmal machen! Vielleicht finden wir doch noch einen gemeinsamen Weg."

„Fehler? Mir ist nicht bewusst, dass ich etwas falsch gemacht habe, Leon. Ich hasse dich nicht, vielleicht habe ich dir längst verziehen, aber vergessen konnte ich es nie. Leon, du spielst keine Rolle mehr in meinem Leben."

„Dann lass es uns langsam angehen. Dieses Mal wird es klappen."

Ist er noch im Vollbesitz seiner geistigen Kräfte?

Leon fixiert Angela mit einer verkniffenen Miene. Er öffnet den Mund, doch die Worte ersterben, bevor nur eines hörbar ist, aus seiner Kehle herauskommen kann.

„Bitte."

Angela presst die Lippen aufeinander. Im gemächlichen Tempo mit deinem Stock, meinst du wohl. Mein Lieber, der Lack ist ab.

„Stopp, Leon! Komm mal runter vom Gas! Es wird kein dieses Mal geben. Ich kenne dich doch überhaupt nicht mehr. Es ist lange, lange vorbei."

Angela schaut auf seine ruhelosen Hände und Arme. Die Arme, die sie einst eng umschlungen, gehalten hatten. Seinen hinfälligen ausgemergelten Körper. Leon ist scheinbar sehr krank. Es ist ihm anzusehen, dass er sein Rentenalter bereits um etliche Jahre überschritten hat.

Irgendwie tut er ihr auch leid. Nun, wo unsere Schritte beschwerlicher werden, will er zurück zu mir? Angela ist froh, dass sie ihren Alltag meistern kann, wozu sich dann noch einen Klotz ans Bein binden. Sie wird sich nicht aus Sentimentalität unter Druck setzen lassen.

Denn was sucht er bei mir zu finden? Sucht er jetzt mehr oder weniger eine Frau, die ihn bekocht und pflegt? Soll ich seine neue Haushälterin werden? Nein, auf keinen Fall. Ihr steht nicht mehr der Sinn nach einer Beziehung, geschweige denn, einen alten, kranken Mann zu pflegen.

„Und, Leon, nein, ich brauche keinen Job mehr!" kontert Angela, um ihm den Wind aus den Segeln zu nehmen. „Hier und jetzt trennen sich unsere Wege für immer."

Contenance, Angela, Contenance. Sie zwingt sich zu einem höflichen Lächeln.

Ihre letzten Lebensjahre will sie weiterhin in Ruhe verbringen. Also versucht sie ihm begreiflich zu machen, dass es kein Happyend geben wird.

„Kannst du bitte gehen, und nimm deine Weisheiten mit."

Stumm dreht Leon sich um und geht schleppenden Schrittes, gestützt auf seinem Gehstock.

Bleibt plötzlich stehen, als eine ebenfalls ältere Frau auf ihn zugeht, ihn herzlich umarmt und einen kräftigen Schmatz auf seine spröden Lippen drückt.

Dieser alte Süßholzraspler!

## Mit-Leids-Tour?

Taunass, die schwülwarme Luft in der Klamm.

Ich inhaliere sie, aber sie füllt, durchflutet meine Bronchien nicht.

Platziert sich nur bleiern auf meine Lungenflügel. Erdrückt meinen Brustkorb.

Ich atme, unerquicklich, schwer. Der Weg ist steil.

Zu steil für mich, der verzweigte, steinige Pfad hinauf.

Was will, soll ich dort oben? Wer hat mich auf diesen kräftezehrenden Weg geschickt?

War ich es selbst? Wollte ich mir beweisen, dass ich über meinen eigenen Schatten springen kann?

Springen? Grundlos?

Zwei Stecken, aus Eichenholz geschnitzt, einer zu meiner linken, der andere zu meiner rechten Seite, jeder mit silberfarbenem Knauf unter klammernden Händen verborgen, halten und unterstützen meine mich bewegende Kraft.

Der trainierte Bizeps beweist mir, dass er den Strapazen gewachsen ist.

Er kann es mit den Beinschienen aufnehmen. Schienen, nicht selbstermächtigt, bis ins Detail ausgearbeitet, die mich ohne Zugkraft von A nach B führen sollen.

Ein Gefüge aus Stahl, ein von A bis Z durchdachtes Konstrukt von hoher Kunstfertigkeit.

Wo führen sie mich hin? Bis zum Prellbock, um eine Weiche zu setzen?

Haltlos, ohne Stützwerk und Schienen?

Ohne sie würde ich fallen. Fallen. Fallen und liegen bleiben.

Liegengelassen? Am Ende?

Hat jemand Mitleid, wird mir auf die Beine helfen?

Unbekannter bezieht Stellung. Ohne Realitätsbezug.

Steh auf! Du schaffst das. Wer hinfällt, muss auch allein aufstehen!

Ein Besserwisser? Mitleid ist ein schlechter Ratgeber.

Ich werde es schaffen.

Mit der Intention aufrecht zu gehen, stehe ich auf.

Als Letztplatzierter komme ich ans Ziel. Geschafft.

*** 

Der Wecker reißt mich aus einem surrealen Traum.

# Nur ein Blätterrauschen

Als Elea am Morgen aus einem kurzen Traum erwachte, wusste sie, dass heute etwas Spannung Erzeugendes passieren würde. Es war kein Tag wie jeder andere. Der Weltschmerz hatte sie eingeholt.

Schlaftrunken steigt sie in ihre Pantoletten, geht zum Fenster, öffnet es und schaut hinaus in den Garten. Ihr zweiter Blick schweift zum Himmel empor. Es ist ein sonniger Morgen, ein klares, reines Lüftchen weht ihr entgegen.

Nicht eine einzige Wolke, die ihr Sorgen bereiten könnte, ist am Himmel zu sehen. Die Sonne verharrt regungslos über dem Horizont. Ein Gewitter würde es heute laut Wetterbericht auch nicht geben. Also überlegt Elea, was sie heute so tun könnte. Was ich gern mag? Shoppen oder einfach nur faulenzen? Die Seele baumeln lassen?

Es ist ihr erster freier Tag nach etlichen Wochen hoher Beanspruchung. Elea stellt die Kaffeemaschine an, schiebt zwei Weißbrotscheiben in die Schlitze des Brotrösters und geht ins Bad. Der Duft des frisch aufgebrühten Morgenkaffees lockt sie aus ihrer Trägheit unter der Dusche.

Schnell schlüpft sie in ihren Freizeitdress. Nachdem sie ausgiebig gefrühstückt hat, geht sie hinunter in die Gartenanlage. Sie macht es sich mit einer Lektüre auf der Liege bequem, die sie zum Verweilen einlädt. Unter der Rotbuche, die ihr vor der wärmer werdenden Sommersonne Schatten spendet, spürt Elea tiefen Respekt vor der Schönheit dieses Fleckchen Erde.

Träumerisch schaut Elea einigen Schnecken zu, die mühsam auf ihrem selbstproduzierten Glibber zu den Beeten rutschen, um sich an den Pflanzenresten und Gemüseblättern zu laben. Ihnen scheint das Gewicht auf ihren Rücken, den aus Kalk bestehenden Häusern, ihr Rückzugsort vor Fressfeinden, nichts auszumachen. Elea bewundert die kleinen Kriechtiere, kann ihre Augen nicht von ihnen abwenden, lässt die Szenerie auf sich wirken. Zwei Schnecken vergnügen sich anscheinend miteinander. Liebe unter Schnecken?

Eine Krähe, die im oberen Astwerk des Baumes auf Lauer sitzt, ist auf das Gewusel am Rasenende aufmerksam geworden. Im Sturzflug landet sie neben den Weichtieren. Bevor Elea die Krähe verscheuchen kann, entwischt diese mit einer der Schnecken in ihren Fängen auf das Dach des Nachbarhauses. Es gab kein Entkommen für die arme Schnecke.

Mit schreckgeweiteten Augen starrt Elea auf das andere Weichtier, kann das gerade Geschehene kaum richtig einschätzen.

In ihren Schläfen pocht es. Hätte sie dem armen Kriechtier helfen können?

Irgendetwas hat dieser Anblick in ihr ausgelöst. Nur was?

Ist es das wirklich wert, geliebt zu werden?

Reiß dich zusammen, es ist doch nur --- nur eine Schnecke! Nicht weiter darüber nachdenken. Heute ist mein freier Tag, und den will ich genießen.

Aber auch wenn das sommerlich aufgehende Tagesgestirn es gut mit ihr meint, Elea ist unglücklich. Zu ihrem Leidwesen kann das schöne Wetter ihren Gemütszustand nicht im Geringsten erwärmen.

Das Buch eines bekannten Philosophen, das sie sich in der Stadtbibliothek ausgeliehen hat, hatte sie neugierig auf dessen Einschätzung zum Thema Liebe gemacht.

Es ist still, außer einem lauen Lüftchen, von dem sich die Blätter der Rotbuche zu einem Tanz verführen lassen, ist nichts zu hören. Sie seufzt wehmütig und blättert in dem Buch, in dem sie auch keine Antworten auf ihre Fragen bekommt.

Nach wenigen Seiten des ersten Kapitels schließt Elea ihre Augen. Sie saugt die warme Luft, die von den angrenzenden Wiesen zu ihr herüber fächelt,

in sich auf, gleitet in einen schlafähnlichen Zu-
stand.

***

„Du musst mal aus deinem Schneckenhaus raus",
hatte ihre Freundin ihr geraten. „Die Kuh ist vom
Eis. Lieber ein Ende mit Schrecken, als ein Schre-
cken ohne Ende."

Er hatte Eleas Seele berührt, sie aber nicht fest-
gehalten. Ein in geordneten Bahnen verlaufendes
Leben führen? Was trieb ihn an? Ein Verhalten nach
seiner Lebensregel? Es ging immer nur um ihn. Sie
selbst durfte niemals ihre Meinung äußern, nicht
weinen oder klagen. Nie hatte sie das bekommen,
was sie von ihm erhofft hatte. Es war beileibe nicht
gut und auch keinesfalls richtig.

Viel zu lange hatte er auf ihren Gefühlen herum-
getrampelt. Sie erbarmungslos gegeißelt. Elea war
keine Mimose, dennoch – bei allem ihr gebühren-
den Respekt – zutiefst gekränkt. Sein Verhalten ihr
gegenüber war grenzwertig. Er benahm sich wie
ein Zerberus. Ließ sie keinen Moment aus den Au-
gen. Elea fühlte sich unter ständiger Beobachtung.
Immer wieder fragte sie sich, ob sie sicher vor ei-
nem unverhofften Angriff war oder die Flucht er-
greifen sollte, um Streit aus dem Wege zu gehen.

Sie war kein trotziges junges Mädchen mehr – stets geradeheraus, aufrichtig. Zeigte, was sie fühlte und sprach es auch aus. Schließlich hatte Elea sich mit seinem Ego nicht mehr arrangieren können. Es war zum Zerwürfnis gekommen. Und nun hatte er sie bei Nacht und Nebel verlassen, ohne ein Wort des Abschieds. Somit insgeheim Elea die Schuld an der Entfremdung gegeben und sie mit der ganzen Verantwortung fürs Haus alleingelassen.

✳✳✳

Ohne Vorwarnung, wie vom Donner gerührt, ertönt in der Ferne ein dumpfes Grollen, und Glockengeläut mischt sich in den furchterregenden Geräuschpegel, reißt Elea aus ihrem Dämmerzustand. Mit kreisenden Gedanken, immer noch geschlossenen Augen und einem unguten Gefühl horcht Elea auf. Das Wispern und Knistern im Geäst, sich steigernd aufbrausend, krachend, bereitet zunehmend Unbehagen. Die schwankenden Äste der Rotbuche stöhnen, stellen sich dem aufkommenden Sturm entgegen, verbiegen sich Angst einflößend. Das Blattwerk rauscht ohrenbetäubend.

Ziehen dunkle Wolken am Horizont auf? Sie wagt nicht, sich zu rühren. Ein unangenehmer Schauer durchfährt Elea. Sie lauscht dem Sturmwind, der rumorend um sie herumtanzt. Sind das Stimmen? Fliegen Wortfetzen aus dem Nachbargarten zu ihr herüber? Ein Sturm – Orkan?

Die Wetter-App hatte für ihre Region kein Unwetter vorausgesagt.

Ein kalter Luftzug streift ihren Kopf. Wie eine Naturgewalt überkommt Elea die Angst. Ihr Magen zieht sich krampfend zusammen. Sie hadert mit sich. Soll sie aus Sicherheitsgründen lieber hineingehen?

Bewegungslos liegt Elea auf der Sonnenliege und hofft, dass das Ungewitter schnell vorüberzieht. Sie kann die aufgeheizte Spannung in der Luft förmlich spüren. Die Worte Sturm – Orkan, die durch die Luft sausen, hallen in ihren Ohren nach. Ein weiteres Mal fällt sie, von Furcht betäubt, in eine traumähnliche Befindlichkeit.

**\*\*\***

Wie ein Häufchen Elend **schlich** sie sich, ohne dass jemand es mitbekam, still und leise in der Mittagszeit davon. Begab sich auf die Suche nach einem erlebnisreichen Abenteuer auf Wanderschaft, um irgendwo anzukommen. An einem Ort, wo sie sich wie in Abrahams Schoß fühlen könnte. Sie würde nichts unversucht lassen. No risk, no fun, sagte sie sich.

Elea schaute sich nicht um. Es war nichts Ungewöhnliches, dass sie nicht nur in der Nacht umherirrte. Seit er sie verlassen hatte, litt sie an chronischen Schlafstörungen. Für sie war die Nacht ihr Tag. Und umgekehrt.

Die Gefühle, die in ihr gärten, hatten sie in letzter Zeit verbittern lassen. Warum hatte sie es ausgerechnet jetzt so schwer?

Ihr Haus als Belastung kostete sie viel Kraft, erdrückte ihre Schultern. Sie träumte vor sich hin in der Hoffnung, dass ihr Hilfe begegnet, diese schwere Bürde zu tragen.

Es war ein schwülwarmer Tag, Elea entschied sich für den Weg in den kühlen Wald. Der Waldweg, auf dem sich an manchen Tagen viele Menschen mit ihren Hunden tummelten, war um diese Zeit wie leergefegt.

Der Untergrund war gangbar, aber kühl und feucht und blieb leicht haften. Sie strebte tapfer weiter, so wie es mit dem Zugepäck schaffbar war. Schmetterlinge taumelten über ihren Kopf hinweg, ließen sich auf den Blüten nieder, die am Wegesrand standen, saugten Nektar.

Elea bewegte sich im Schneckentempo unter dem Schatten der Bäume vorwärts. Um nicht gesehen zu werden, schlich sie abseits des Weges. Zum

Naherholungsgebiet, einem Biotop mit einer Fülle außergewöhnlicher Tier- und Pflanzenwelt. Fußläufig nicht weit von ihrem Zuhause entfernt.

Aber durch das Gewicht auf ihren Schultern schnell erschöpft, kam sie erst nach gefühlt endlos scheinenden Stunden auf ihrer Lieblingslichtung an.

Das kristallklare Wasser des Baches plätscherte gemächlich durch sein künstlich angelegtes Bett. Durch das Laub der Bäume schimmerten Fäden von Sonnenstrahlen glitzernd auf dem tanzenden Gewoge.

Elea war schon einige Male hier gewesen. Je näher sie dem Bachlauf kam, spürte sie, wie der schwammige Boden unter ihr mit schmatzendem Geräusch nachgab. Ihre Bodenhaftung ging zeitweilig verloren. Sie wankte. Sollte sie weiter herumstromern oder sich lieber auf den Weg zurück machen? Es roch nach vermoderten Pflanzen, als sie sich durch rot und grüngefärbte Federgräser schlängelte.

Libellen surrten über den Bachlauf, ließen sich hier und da mal auf verschiedenfarbigen Bachblüten nieder. Mücken tänzelten in der Mittagssonne, Eintagsfliegen durchschossen auf der Suche nach einem Partner die Wasseroberfläche; flirrten und

schnellten durch die laue Luft, lockten so die Bach-
forellen an, die hungrig nach diesen Insekten
schnappten, ihre Mäuler nicht voll genug bekamen.

Elea wollte sich bei der Hitze etwas abkühlen, als
seltsame Geräusche an ihr Ohr drangen und sie aus
heiterem Himmel Stimmen vernahm, die näherka-
men. Ausgelassen lachend wurde aufgeregt durch-
einander gesprochen.

Von dem Lärm aufgescheucht erhob sich der
Fischreiher in die Lüfte, der am anderen Ufer stand
und seinen Fang gerade hinunterwürgen wollte.
Möglichst ohne Aufmerksamkeit zu erregen, ver-
steckte Elea sich tiefer im hohen Rohrkolbenschilf,
den Pipenpapen, und schaute dem Treiben zu.

In Begleitung einer Mädchen- und Jungengruppe
betrat eine hübsch anzusehende junge Frau in
einem mit floralen Mustern verziertem Kleid die
Lichtung. Eine leichte, warme Brise umwehte ihr
braungelocktes wallendes Haar, ließ es im hellen
Licht erstrahlen, aufbäumen und auf ihre schlanken
Schultern gleiten, so, als ob es sie vor der starken
Sonnenstrahlung schützen wollte.

In ihrer Hand hielt sie ein aufgeklapptes Buch, aus
dem sie den Kindern vorlas und auf die Flora und
Fauna am Bachufer hinwies. Die Kinder hatten er-
wartungsvoll ihre Köpfe erhoben. Einige rannten

sofort los, um sich Gräser und Pflanzen am Ufer anzusehen, doch die Lehrerin rief sie ermahnend zurück. Die Schulkinder hatten wohl Unterricht im Freien. Diese unerfahrenen Jungen und Mädchen wurden von ihr belehrt, warum man nicht allein in den Wald, beziehungsweise zum Flüsschen, gehen sollte. Verbote wurden ausgesprochen, da einige der Pflanzen und Waldpilze giftig seien. Man dürfe sie nicht verkosten oder gar essen.

Die Lehrerin und die Schulkinder nutzten wohl diesen Platz, um hier Mutter Natur mit all ihren Geheimnissen kennenzulernen – bei einer Lehrwanderung an frischer Luft.

Als Elea unbeobachtet dem Treiben der Waldbesucher zuschaute, sah sie, wie sich eine Gestalt aus dem Wasser erhob und zum Ufer watete. Mücken umschwärmten seine nassen, tropfenden, strähnigen kastanienbraunen Haare. Seine dunkelbraunen Augen schienen mit dem Schatten einer Eiche zu verschmelzen.

In den Augen der Lehrerin lag ein freundliches Lächeln, als sie mit dem halbnackten Mann eine Konversation begann.

Elea seufzte. Wie lange schon hatte sie keine Gespräche mit Ihresgleichen geführt. Aber irgendetwas passierte hier gerade, denn der junge Mann

drehte sich mit dem Rücken zu der nähergekom-
menen Frau. Die Plauderei der beiden Erwachse-
nen erschien Elea rätselhaft. Nun standen alle um
den Mann herum, tuschelten und staunten.

Elea schaute gebannt zu. Dann sah auch sie es.
Was war das, das sich an seiner Schulter festgebis-
sen hatte.

Ein Blutegel? Ein Schmarotzer? Und wenn, wird er
dem Menschen Schaden zufügen? Muss man den
Schädling herausreißen, ohne dass eine Wunde zu-
rückbleibt und das Getier dann, wenn es ganz
schlimm kommen sollte, nicht überlebt? Womög-
lich fällt das Tierchen aber auch von allein ab.

Die Lehrerin schob ihre Sonnenbrille den Nasen-
rücken herab und schaute sich das Ding sprachlos
an. Plötzlich, wie von Geisterhand, plumpste der
Parasit in das Wasser.

Der Schnorrer hatte überlebt. Elea war betroffen
und doch erleichtert. Diese Erfahrung könnte sie
lehren, wie schnell das Leben enden kann, nahm
sie als Warnung an.

Der Mann begann, sich im Buschwerk am Bach
anzuziehen, wo er seine Kleidung abgelegt hatte.

Das goldene Licht der Sonne stand tief, als sich
der Trupp zur Umkehr entschied und zum angren-
zenden Parkplatz stakste. Die Kinder stiegen in den

Kleinbus ein, den die Lehrerin für diesen Lehrausflug gebucht hatte. Sie blieb noch eine Zeitlang bei dem Mann stehen. Das Pärchen umarmte sich und gab sich zum Abschied einen zärtlichen Kuss.

Hatten sie sich auf den ersten Blick verliebt? Gab es das wirklich? Elea hatte derlei Gefühle bis dato nicht erfahren. Sicherlich waren sie ein Paar und hatten sich hier verabredet, schlussfolgerte sie.

Instinktiv duckt Elea sich zwischen die Gräser. Kann den auf ihn gerichteten Blick nicht abwenden.

Er ist es. Zu dem Zeitpunkt, als er aus dem Wasser stieg, hatte sie ihn durch das stark reflektierende Licht, das sie blendete, nicht erkennen können.

Und die Frau, die er gerade in den Armen hält, ist ihre beste Freundin. Wie konnte sie Elea nur so grausam verraten und hintergehen? Wegen ihr hatte er Elea schmählich im Stich gelassen?

Elea hatte sich von ihr instrumentalisieren lassen. Ja, geradezu wie auf Droge hatte sie Elea immerzu übergriffig animiert, direkt bedrängt, dass sie sich von ihm trennen sollte. Dieses Miststück. Nie wieder würde Elea sich auf diese hinterlistige Frau einlassen.

Im Wald kehrte Ruhe ein. Nicht völlig, ein Schwarm krächzender Rabenvögel kehrte von den anliegenden landwirtschaftlichen Anbauflächen zurück, um sich nach einer ausgiebigen Mahlzeit einen Schlafplatz im oberen Geäst der Bäume zu suchen.

Elea fragte sich derweil, ob sie auch so eine Kreatur gewesen war, ein Anhängsel, das den Expartner ausgenutzt und bis aufs Blut gereizt und in seinem Leben eingeschränkt hat. Nein, weit gefehlt. Ich bin keine Schmarotzerin. Nein, es war anders: Er hatte in ihrem Garten Eden auf großem Fuß gelebt.

Elea entschied sich, im schummrigen Licht der Dämmerung durch den Schilfgürtel zurückzukehren. Über den Damm, durch die Büsche hindurch schleppte sie sich nach Hause, hinten in ihren Garten, ihre Schutzzone. Hier war sie daheim. Bei ihren Beeten mit frischen Salaten und verschiedenen schmackhaften Gemüsesorten, die sie sooo liebte. Was eben einer Schnecke vortrefflich mundete.

∗∗∗

Plötzlich ist es ganz friedlich und still. Der dröhnende, bedrohliche Sturm ist schwächer geworden und hat dem ungewöhnlichen Treiben im Astwerk ein Ende gesetzt. Das vermeintliche Ächzen und Stöhnen der Äste ist nur noch ein Seufzer, holt Elea in die Realität zurück.

Wie aus allen Wolken gefallen öffnet sie die Augen, löst sich aus der Starre. Das Sonnenlicht erscheint grell, und sie presst ihre Hände schützend vor ihr Gesicht. Sie schaut zum Himmel, der weder wolkenbehangen ist, noch Anzeichen für ein drohendes Unwetter preisgibt. Er strahlt blau und hell.

Sie vernimmt das dröhnende Rollen der Räder vom Nachmittagszug in der Ferne.

Elea reißt sich aus der lähmenden Panik, atmet erleichtert tief durch. Es war kein Sturm, nur das Blätterrauschen. Das Bild vom Gewitter zersplittert in unzählige Pixel.

Sie staunt über sich selbst. Manchmal hat man finstere Gedanken, aber kann man dadurch das Unheil anziehen?

Elea lässt das gerade Erlebte auf sich wirken. Bin etwa ich diese Schnecke? Ein Produkt aus meinem Unterbewusstsein? Zu weich im Umgang mit den Mitmenschen, für diese Welt?

Sie muss alles Trügerische, Belastende abstreifen, was sie in ihrem Leben bekümmert. Den Blick nach vorne richten, um weitermachen zu können. Umhüllt vom Mantel des Schweigens. Sie braucht Abstand von allem.

Vielleicht ist es Eleas Schicksal, ihr Leben allein zu leben. Am Abend schreibt sie in ihr Tagebuch:

„Lieber alleine verreisen,
wenn auch mit schwerem Gepäck,
aber so nimmt mir mein Leben
auch kein Schmarotzer mehr weg.
Weiter genau wie ich mag es,
mache mir einfach nichts draus,
kann ja als Schnecke bei Drangsal,
sicher zurück in mein Haus.

- - -

Ich hab' es mir nicht auserkoren,
es ist mir einfach angeboren."

# Sag niemals nie

## Lisa (2001)

Nie wieder.

Nie wieder, nein, nie wieder, schrie ihr verletztes, bis ins Mark getroffenes Herz. Das hatte sie sich geschworen. Nie wieder wollte sie Tränen der Verzweiflung, quälende, schlaflose Nächte mit Bangen und Hoffen durchleben. Nie wieder furchtsamen Atem im Nacken spüren. Nie wieder schmerzliche, angsterfüllte Blicke wahrnehmen, die sie um Hilfe baten. Niemals wieder sich in liebevollen, treuen Augen verlieren, bis zur Aufgabe verlieben.

Gerade mal sechs Wochen war es her, dass sie voneinander Abschied genommen hatten. Alte Narben brachen auf, vereinten sich mit der neuen Wunde. Nein, nicht noch einmal wollte sie dieses schwere Kreuz auf ihren Schultern tragen. Dornenstacheln bohrten sich in ihren Kopf. Das wallende Blut pochte in ihren Schläfen, folterte, reizte ihre Nerven, erreichte die Schmerzgrenze bis zur Bewusstlosigkeit. Ihr Körper verlor die Balance, stürzte in einen nicht enden wollenden Strudel. Der Sog zog sie tiefer und tiefer hinab, ließ ihren Leib vor Kummer beben. Zweimal ist genug. Zweimal war ein Stück ihres Herzens herausgerissen worden, ein Teil ihrer Seele, Lebensinhalt von ihr gegangen. Alles schien auf einmal sinnlos zu sein.

Nein! Nein! Nein!

***

Sie ging jetzt alle Wege, die sie zuvor in Begleitung gegangen war, jeden Tag allein. Setzte sich auf die Lieblingsbank am Kanal, da, wo sie stets gemeinsam über das kleine Flussbett geschaut hatten, das Reiter auf ihren Pferden überquerten. Mit rotgeschwollenen Augen starrte sie ins Leere. Der Kummer ließ ihr schmerzerfülltes Herz aufschreien, gab ihm Stimme, und sie ließ sie im Wald heraus.

Wie versteinert kämpfte sie gegen die Einsamkeit an, bewegte sich kraftlos und niedergedrückt, ging achtlos an jedermann vorbei. Den Feldern und bunten Wiesen, auf denen sie miteinander so viel Spaß gehabt hatten und herumgetollt waren, schenkte sie keine Aufmerksamkeit mehr. Ihr versteinerter Blick war nach innen gerichtet, dorthin, wo sie am tiefsten getroffen worden war. Ziellos irrte sie zeitweilig durch die Straßen, übersah ihre Freunde und Bekannten. Sie wollte mit niemandem über ihren Verlust reden, blockte ab, ließ sich auf keine Konversation ein.

Trost? Von wem? Wer wusste, verstand, was sie verloren hatte. Diesen Schicksalsschlag musste sie allein verarbeiten.

Morgens wachte sie freudlos und schweißgebadet auf, fuhr zu ihrem Arbeitsplatz, erledigte nach Feierabend alles, was noch im Haus erledigt werden musste. Abends ging sie betrübt ins Bett. Schlaflos wälzte sie sich jede Nacht umher und stand am nächsten Tag gerädert auf.

Melancholie überfiel sie. Ihre Gemütsverfassung und Mimik änderten sich stündlich, passten sich den Leuten an. Trübsal spiegelte sich in ihrem Gesicht wider, ließ es vorzeitig altern. Das Tal der Tränen war noch nicht durchschritten, der Boden tat sich auf, und sie fiel in ein tiefes, dunkles Loch.

## Maja

Wo bin ich, was ist passiert? Wie komme ich hierher, in diesen kleinen, dunklen, kalten Raum? Ich zittere vor Kälte, friere, obwohl mein Kopf und mein Körper vor Hitze glühen. Brenne ich? Was geschieht mit mir? Meine Augenlider sind durch salzige Tränen verklebt und ein undurchsichtiger Schleier liegt auf ihnen. Ich sehe alles verschwommen und kann mein Umfeld nur undeutlich wahrnehmen. Warum bin ich so wackelig auf den Beinen? Sie tragen mich nicht, ich habe das Gefühl, als würde ich jeden Moment wegsacken. Und was ist das für ein markerschütternder Lärmpegel um mich herum? Er dröhnt in meinen Ohren.

Durst, ich habe Durst. Kein Wasser im Napf. Mir ist schwindelig, speiübel. Krämpfe zerreißen meine Eingeweide. Es geht schon wieder los. Ich kann nichts bei mir behalten und werde mich gleich hier in der Ecke auf den kalten Fliesen entleeren, obwohl schon alles verunreinigt ist. War ich das? Wieso geht niemand mit mir Gassi? Sogar die dünne Strohdecke ist beschmutzt. Soll das meine Schlafstätte sein? Warum kommt niemand und säubert mein Gefängnis? Ich will hier raus, nach Hause, aber wo ist das? Ich kann mich nicht erinnern.

Da kommt jemand. Wer ist das? Was will er? Er packt mich und legt etwas um meinen Nacken. Wo bringt er mich hin? Da stehen so viele Menschen im Gang, starren mich an. Was passiert mit mir? Ich will sie riechen, aber es geht nicht. Meine Nase ist verstopft, schmerzt, wie alles in meinem Körper. Jetzt nehmen sie mich auch noch mit nach draußen. Lasst mich doch einfach hier liegen. Ich bin so schlapp. Der Asphalt glüht unter meinen Pfoten und jeder Schritt bereitet mir unsagbare Qualen. Weswegen muss ich diese Folter über mich ergehen lassen? Habe ich meinem früheren Herrchen etwas Unrechtes angetan? Konnte ich nicht gehorchen? Was ist geschehen?

Warum soll ich mit diesen Leuten mitgehen, ich kenne sie nicht. Ich weiß nicht mal mehr, wer ich bin. Die Menschen reden miteinander, ich kann kaum etwas verstehen. Was sagen sie? Maja. Wer ist Maja? Bin ich das? Pause, meine Beine wollen nicht, ich muss mich setzen.

Eine Frau bückt sich zu mir herunter, streichelt mein borstiges Fell. Es scheint ihr nichts auszumachen, dass es nicht gebürstet ist und nach Exkrementen riecht. Meine Pfoten sind auch voller Schmutz. Bitte bringt mich zurück, egal wohin. Ich bin so müde, muss mich niederlegen. Die Frau scheint zu merken, dass es mir nicht gut geht. Sie schaut mich voller Mitleid an. Dann werde ich zurück in meinen Raum gebracht. Er ist noch kälter als zuvor, aber ich bin dankbar. Endlich kann ich schlafen.

## Lisa

Sechs Wochen ohne, geht das?

Es kam der Tag, an dem Lisa ihren Eid brach. In ihrer vom Kummer eingeengten Brust tobte ein heftiger Orkan, der ihr seelisches Gleichgewicht durcheinanderwirbelte. Wie konnte ich nur? Was trieb sie dazu, sich trotz all ihrer Abwehr wieder auf bettelnde Augen einzulassen?

Die erste, kurze, sanfte Berührung hatte alle ihre negativen Gedanken davonfliegen lassen. Irgendetwas in ihrem tiefsten Inneren sagte ihr: Ja, doch! Ich will ein drittes Mal Vertrauen schenken. Will mich wieder mit meiner ganzen Kraft und Energie in ein neues Abenteuer stürzen.

Lisa hatte sich auf den ersten Blick verliebt, konnte diesen dunklen, blutgetränkten und durch Fieberglut gezeichneten Augen nicht widerstehen. Splitter der funkenstreuenden Iris kratzten Risse in den Schutzkokon, welcher ihr trauerndes vernarbtes Herz umgab.

Hoffnung auf einen Neubeginn?

***

Nun stand Lisa mit ihrem Sohn erneut vor diesem grauen, eigenartigen Gebäude. Sie zögerten, waren uneins. Wenn sie jetzt hineingingen, gäbe es kein Zurück. Das jämmerliche Bellen und Jaulen drang durch das Tor zu ihnen herüber. Es klang wie ein Hilferuf. Sie sahen sich an und wussten plötzlich, was zu tun war. Lisa folgte ihrem Sohn mit zitternden Knien. Ihrem Sohn und diesen unsagbar schauerlichen Geräuschen, die das Blut in ihren Adern gefrieren ließ. Sie betraten das Asyl für obdachlose Tiere. Lisa bebte am ganzen Körper, sagte mit zaghafter Stimme: „Nur mal schauen, eventuell spazieren gehen. Mehr nicht."

Doch als ob es so sein sollte, man gab ihnen diesen Hauch von einer Hündin an die Hand. Deren trauriger Blick traf mitten in das Gefühlsleben der beiden. Mitleid, Liebe. Nie zuvor waren Mutter und Sohn sich so nah gewesen wie in diesem Moment. Beide wollten diese Schäferhündin von ganzem Herzen.

Das Tier war schwerkrank. Der Tierheimleiter erzählt ihnen die Geschichte der Hündin. Man habe sie vor acht Tagen in einem Naherholungsgebiet gefunden. Sie sei an einem Baum angebunden gewesen, mit einem Schild um den Hals, auf dem stand: ‚Ich heiße Maja, bin drei Jahre alt und kinderlieb.'

Wer tat so etwas? Ein Tier aussetzen, bei eisiger Kälte, im Winter. Denjenigen hätten sie zu gern kennen gelernt, um ihm die Leviten zu lesen.

Lisa unterschrieb mit klopfendem Herzen den Kaufvertrag. Einen Tag später holten sie die Hündin zu sich nach Hause. Ein neues Familienmitglied.

## Maja

Ich bin gesundheitlich sehr angegriffen, habe gar kein Fleisch mehr auf meinen Rippen. Von Hunger,

Durst und starkem Fieber geschwächt, liege ich auf einer Couch. Mein Fell ist stumpf, meine Augen sind sicher glanzlos und entrückt. Die Frau, bei der ich jetzt lebe, spricht liebevoll auf mich ein. Ihr Name ist Lisa. Sie sagt, ich hätte zu lange bei Eiseskälte im Schnee gelegen. Dadurch sei ich erkrankt. Tag und Nacht werde ich von Fieberkrämpfen geschüttelt. Lisa wickelt mich in warme Decken ein, weil ich in einer anderen, grausamen Welt gefangen bin. Sie legt sich zu mir, hält mich behutsam in ihren Armen. Ich kann nichts fressen und trinken.

Mein Rachen ist eine einzige Wunde. Lisa wendet sich vertrauensvoll an eine höhere Macht. Sie betet, fleht und ihr aufgewühltes Herz schreit für mich um Hilfe. Sie will mich leidendes Wesen wieder aus der Dunkelheit zurück ins Licht holen.

Ich nehme sie nur verschleiert wahr, das Wundfieber trübt mein ganzes Dasein, aber ich spüre ihre Warmherzigkeit. Sie träufelt mir Medikamente, in Pipetten vermischte flüssige Nahrung, vorsichtig auf meine Lefzen.

Aua, bitte sei vorsichtig, es tut weh! Meine Wunden schmerzen, ich kann nicht schlucken, es geht einfach nicht. Sie ist geduldig mit mir, versucht es erneut. Wieder läuft die Flüssigkeit aus meiner entzündeten Schnauze heraus in ihre Hand.

Wer ist er, der mit der tiefen Stimme? Er sagt, es sei lecker, ich solle doch mal probieren. Kann ich ihm glauben? Er war bei der ersten Begegnung mit Lisa und mir im Heim dabei. Lisa sagt Sohnemann zu ihm. Er streichelt mich, ermuntert mich ebenfalls zu fressen. Beide knien mit Tränen in den Augen vor mir. Wieso tun sie das? Bedeute ich ihnen wirklich so viel?

Meine Kost riecht nicht schlecht, schmeckt aber eigenartig. Langsam schlecke ich die Tröpfchen ab. Ich habe Hunger, Durst. Ich muss etwas zu mir nehmen. Den Menschen zuliebe, die mich so fürsorglich behandeln, werde ich die Schmerzen in meiner Schnauze erdulden. Sohnemann lässt noch mehr hineinlaufen, ich lecke vorsichtig weiter. Es sind nicht viele Tropfen, aber für den Anfang reicht es mir. Lisa und Sohnemann sind glücklich, nehmen sich weinend, befreit in die Arme. Erschöpft und müde von der Arznei schlafe ich ein. Ich atme tief und ruhig.

**\*\*\***

Langsam kehren die Lebensgeister in meinen Leib zurück. Die Spritzen, die ich täglich bei der Ärztin bekomme, tragen ebenfalls dazu bei.

„Du hast in Lisa einen Schutzengel gefunden. Sie wird dich in den nächsten Lebensjahren behüten und beschützen. Du bist in liebevollen, guten Händen. Vertraue ihr. Du wirst genesen!", flüstert die Ärztin mir ins Ohr und schaut Lisa dabei an.

Das Fieber sinkt, die Entzündungen meiner Augen und der inneren Organe heilen ab. Ich kann wieder klarer sehen. Der Schatten weicht und lässt mich zurück ins Leben gleiten. Lisa, du hast so freundliche Augen, ich weiß, dass du mir helfen willst, schneller vollkommen gesund zu werden. Sie nennt mich ,zauberhafte Hündin'. Ich strenge mich an, versprochen? Jeden Tag ein wenig mehr. Mit Lisa an meiner Seite kann ich diesen Kampf gewinnen. Ich bin nicht mehr allein, wir sind jetzt zu zweit, nehmen ihn gemeinsam auf.

***

Zehn Tage sind wohl vergangen. Hallo, ich bin da, ich lebe. Lisa, du hast mich hierhergebracht! Du bist mein neues Frauchen. Ich möchte bei dir bleiben, werde mich auch anständig benehmen, gehorchen. Ich tue alles, was du willst. Hier hast du meine Pfote drauf. Warum weinst du? Freust du dich, dass ich überlebt habe? Ich vermute es. Sie hat in letzter Zeit sehr wenig Schlaf bekommen. Wegen mir. Jede Nacht lag sie auf Knien vor der Couch, hat über mich gewacht und gelauscht, ob ich noch atme.

Was ist das für ein eigenartiger Zwinger? Ich schaue mich aufmerksam im Zimmer um. Durch das Fieber hatte ich das Umfeld nicht wahrgenommen. Behutsam gehe ich mit Lisa durch die Wohnung. In jedem Zimmer kniet sie, ruft mich zu sich an ihre Seite, nimmt mich in die Arme und spricht mit mir. Sie erzählt mir viele Geschichten über die Fotos, die an den Wänden hängen. Öffnet die Schränke, zeigt mir, was darin ist und erklärt, wofür man all die Utensilien benutzt. Ist das aufregend! Ich bin neugierig, will noch mehr sehen. Ab jetzt gehe ich keinen Schritt mehr ohne sie. Punkt!

Ich bin zwar noch etwas wackelig auf den Beinen, aber meine ersten zögernden Schritte auf der Treppe zum Garten hinunter machen Lisa und mir Hoffnung, dass es ab jetzt nur noch bergauf geht.

Mit jedem Tag werde ich lebenskräftiger. Ich bin sehr gelehrig. Sohnemann holt mir aus seinem Fundus einige Stofftiere, die ich sofort annehme. Meine Schlafcouch wird wohl bald zu klein sein; sie verwandelt sich mehr und mehr in einen Plüschtierpark. Manchmal verstecke ich mich unter dem ganzen Getier, sodass man mich nicht mehr sieht. Nur wenn ich gerufen werde, richte ich meine spitzen Ohren auf. Ich schaue meine Menschen an und sage auf meine Weise: „Ich bin hier. Mein Schläfchen ist beendet, sortiert mal die Kuscheltiere."

143

Dann blinzele ich Lisa zu. Meine dunklen Augen strahlen, leuchten und lachen sie an. Mein Frauchen erkennt mein Lachen an den Lefzen, die ich bis zu meinen Ohren hinaufziehen kann. Sie wirkt glücklich, liebt es, wenn ich sie so anschaue.

Lisa hat jedem Stofftier einen Namen gegeben. Ich hab sie alle gelernt und wenn jemand befiehlt: Hol mal den Dino, das Pferchen, das Zebra und viele andere, dann bringe ich sie zu ihnen. Natürlich nur, um zu zeigen, was ich kann. Anschließend lege ich die Stofftiere brav zurück auf ihren Platz auf meiner Couch. Es sind ja meine, der Sohnemann hat sie mir geschenkt.

Die Couch ist mein Reich, nur Lisa darf sich zu mir setzen. Oft lecke ich liebevoll ihre Hände, weil sie mich über alles liebt und ich nicht weiß, wie ich ihr danken soll. Das hat sie oft erwähnt, mir gezeigt, dass sie mich gern hat. Sie schmust und kuschelt sehr viel mit mir. Ich genieße es, wenn sie mein Fell streichelt, mir die Haare bürstet. Ich, Maja, habe ihr den Seelenfrieden zurückgebracht. Das sagt sie immer. Wir sind zu besten Freundinnen, zu Seelenverwandten, geworden.

Der große Garten gefällt mir. Auch er gehört zu meinem neuen Reich. Darin kann ich nach Herzenslust allein, mit Lisa oder der Familie rumtoben.

Niemand hat etwas dagegen. Nur im Blumenbeet buddeln darf ich nicht. Das hat Lisa mir ausdrücklich verboten. Aber das will ich auch gar nicht, denn hinterher muss ich in eine Wanne und der Badeschaum brennt höllisch in meinen Augen.

Manchmal erzählt mir mein Frauchen von meinen Vorgängerinnen. Sie sagt, sie seien sehr schlau gewesen. Aber ich überträfe sie um Längen. Ich habe schon gewusst, dass vor mir andere Hunde im Haus gelebt haben. Da war dieser Geruch auf meiner Couch. Hundegeruch. Ja, wir erkennen einander an unserem Geruch. Frauchen sagt immer, dass auch ich ab und an streng rieche. Vor allem nach einem Spaziergang im Regen.

Lisa stört das nicht. Sie trocknet mit einem Tuch meinen Rücken und meine Pfoten ab, bevor wir ins Haus hineingehen. Da ich offenbar sehr intelligent bin, überrasche ich die Familie immer aufs Neue mit meinen tollen Ideen. Ideen habe ich besonders, wenn ich meine Kuscheltiere irgendwo im Küchenschrank verstecke. Schränke mit Knauf sind für mich kein Problem, ich kann sie leicht öffnen. Ich halte den Knauf einfach zwischen den Zähnen fest und ziehe kräftig daran. Tada! Offen.

Und es passiert schon mal, dass eines von meinen Plüschtieren im Kochtopf landet. Mein Lieblingsschrank ist der mit den Leckereien. Die Leckerbissen verströmen einen Wohlgeruch, und zwar so, dass mir der Speichel vor Heißhunger an den Lefzen herunterläuft. Manchmal versuche ich heimlich, ein Leckerchen zu stibitzen.

Aber Lisa bemerkt es immer und sagt dann: „Die Schranktür steht offen, und sonst ist doch niemand hier. Einbrecher hättest du nicht ins Haus gelassen. Also, wer hat die Leckerstangen geklaut?" Dann schaue ich sie ganz unschuldig wie ein Lämmchen an. Ich tue so, als wüsste ich von nichts, gehe in mein Zimmer. Bloß nicht umdrehen. Geht mich nichts an, werde mich mal geschmeidig auf meine Couch legen. Merkt sie, dass ich mir einen Spaß erlaubt habe?

Heute kommt ein Herr zu Besuch. Der Tierheimleiter, sagt Frauchen. Nur dunkel erinnere ich mich an die Stimme. Er will sich ein Bild vom Umfeld machen, wo und wie ich hier lebe und ob es mir gut geht. Sieht er das denn nicht? Soll ich jetzt Männchen machen? Ich bin doch nicht im Zirkus. Ne, ich bleibe hier auf meinem Sofa.

Aber Lisa ruft nach mir. Ich will sie nicht allein mit ihm lassen. Bei der Gelegenheit kann ich ihm auch zeigen, wie stolz und glücklich ich bin, hier sein zu dürfen. Ich werde mich mal neben sie setzen, mich einfach an Lisa anlehnen. Sie freut sich, dass ich auf ihr Wort höre.

Warum schaut der Mann so fasziniert auf meine Kuscheltiere? Hallo, das sind meine, die bekommst du nicht. Wehe, du fasst eines an! Du hast mein wieder gesundes Gebiss nicht gesehen.

Lisa rät mir, ich solle dem Herrn mal den Dino zeigen. Na gut, wenn es sein muss! Aber nur anschauen lassen. Langsam erhebe ich mich. Im Zeitlupentempo trotte ich zu ihnen. Muss ich ihn ansehen, wenn ich an ihm vorbeigehe, gehört sich das so? Ich ignoriere ihn lieber.

Hier Lisa, Dino. Lisa legt den Dino zurück, öffnet die Tür zum Garten und zeigt dem Herrn meine Spielwiese.

Da, da, das ist mein Ball!, will ich zum Ausdruck bringen. Der zerfetzte. Ich hole lieber den neuen, dann kann ich mit Lisa spielen. Wo ist er, wo habe ich ihn versteckt? Ach ja, da unter dem Lorbeerbusch.

Hier Frauchen, da hast du den Ball. Ich lege ihn ihr direkt vor die Füße, damit sie ihn nicht übersieht. Jetzt will der Herr mich streicheln. Ich platziere mich vorsichtshalber neben Lisa, lehne meinen Kopf an ihre Knie, damit er nicht auf dumme Gedanken kommt. Ich gehe hier nie mehr weg. Ich bleibe bei meinem neuen Frauchen. Hoffentlich leuchtet ihm das ein. Lisa, ich passe auf dich auf. Und du auf mich. Oder soll ich bellen?

„Ich sehe schon, Maja hat es bei Ihnen tadellos angetroffen, eine erneute Überprüfung wird nicht nötig sein", sagt der Besucher und verabschiedet sich. Lisa, was bedeutet das? Ich habe nicht verstanden, was er gesagt hat. Bitte, sprich mit mir.

„Alles in Ordnung mein Liebes, du bleibst bei uns", sagt Frauchen freudestrahlend und krault meine Ohren. Sie ist glücklich. So wie ich. Und wie glücklich ich bin!

## Lisa

Er ist weg. Lisa spürt, dass Maja froh und dankbar ist. Die Hündin wedelt mit dem Schwanz, hüpft um sie herum. Lisa geht mit ihr ins Haus und schaltet das Radio ein. Maja bekommt einen extra großen Hundeknochen. Lisa bewegt sich langsam im Rhythmus der Musik. Maja springt an ihr hoch. Lisa hält sie an den Pfoten, beide tanzen. Ihre Herzen wiegen sich im Takt. Majas Augen glühen, sprühen Funken vor Lebendigkeit. Das machen die zwei von nun an jeden Tag. Sobald Lisa den Knopf vom Radio drückt, steht Maja aufrecht vor ihr. Sie hat sichtlich Spaß daran. Maja und Lisa sind ein eingespieltes Tanzpaar.

## Maja

Ich muss zur Untersuchung. Schon wieder Spritzen? Nicht mit mir. Die Ärztin tastet mich am Unterleib ab, schaut mir in die Ohren und in meine leuchtenden, angriffslustigen Augen. Sie stellt ein Papier aus, auf dem steht, dass ich gesund bin, gut aussehe und in ein anderes Land reisen darf. In ein anderes Land? Was soll ich da? Lisa meint, wir brauchen dringend Urlaub. Entspannung.

Für die Reise nach Kroatien hat Lisa ein Wohnmobil gemietet. Sie sagt, dass ich sie begleite, weil sie die Verantwortung für mich übernommen hat und mich nicht in eine Hundepension geben will. Ich gehöre zur Familie; also werde ich auch wie ein Familienmitglied behandelt. Arme Lisa. Wenn sie nur gewusst hätte, dass dies der letzte gemeinsame Urlaub der Familie werden würde ...

Lisa und Sohnemann haben sich abgesprochen, wer sich in der Zeit, wenn einer von ihnen abwesend ist, um mich kümmert. Lisa versichert mir, dass ich immer noch ein wunderschöner Hund bin. Wenn sie mich malen könnte, würde sie dies in allen Farbnuancen tun.

Ein eingeschworenes Team sind wir geworden, Lisa, Sohnemann und ich. Nichts und niemand kann uns etwas anhaben. Sohnemann, der ebenfalls um mich besorgt ist und mich sehr lieb hat, ist mir ein guter Kamerad.

Neulich hat Lisa ein Kaufangebot für mich bekommen. Von einem Polizeibeamten. Während einer Kontrollfahrt nahe unserem Haus hat er mich beim Spaziergang beobachtet. Er sagt, ich sei eine stolze Hündin. Der ideale Begleitschutzhund, auch für behinderte Menschen. Lisa hat ihm entgegnet: „Ja, sie begleitet mich!". Für kein Geld der Welt würde sie mich hergeben. Weil ich ihr ans Herz gewachsen sei. Sohnemann und ich seien ihr Lebensinhalt.

Langsam geht es mir wieder besser. Ich vertraue Lisa und Sohnemann. So vergehen die Jahre. Ich bin eine liebe, treue und saubere Mitbewohnerin, so dass Lisa sich ein Leben ohne mich gar nicht mehr vorstellen kann.

## Maja (2010)

Mir geht es wieder mal nicht gut, habe keinen Appetit, bin mager geworden, zerbrechlich. Lisa fährt mit mir zur Ärztin, die ihr nach ausführlicher Untersuchung wohl eine traurige Mitteilung macht, denn Lisa fängt bitterlich an zu weinen. Neun Jahre bin ich bei Lisa und Sohnemann und habe deren Leben bereichert. Lisa will nicht an die Zukunft denken. Was wird sein, ohne mich? Meine Vorgängerinnen sind beide an Krebs erkrankt, dadurch qualvoll gestorben. Hoffentlich bleibe ich davon verschont.

Träume, Hoffnung, doch die Wahrheit sieht anders aus. Irgendwie habe ich mich verändert. Kleinste Geräusche erschrecken mich und unruhig zitternd laufe ich durch die Wohnung. Die Tierärztin darf mich auch nicht mehr anfassen. Wenn sie es versucht, mache ich Lärm, fletsche die Zähne. Ich will das nicht, deshalb legt man mir einen Maulkorb um. Lisa und Sohnemann geben mir Liebe – wie allezeit.

***

Lisa nimmt mich im Auto mit. Wir wollen jemanden besuchen. Ich habe sie so lange mit meinen Augen fixiert, angebettelt, weil ich nicht allein sein will. Bei meiner letzten Untersuchung hat die Ärztin Lisa etwas gesagt, was ich nicht verstanden habe. Worte wie hoffnungslos, nicht mehr lange ...

Was heißt das? Ich habe etwas in mir, das mich innerlich auffrisst, sagt die Ärztin. Sie nennt es Unterleibskrebs. Einige Geschwülste sind äußerlich zu ertasten, ein Geschwür bereits aufgebrochen, also eine offene Wunde. Ja, ein ekliger Geschmack, wenn ich daran lecke. Und es tut so weh. Lisas Herz blutet, wenn sie mich anschaut, das Flammende Schwert hat wieder grausam zugeschlagen. Wir leiden beide. Wie kann ich, Maja, sie trösten? Wir werden uns noch mehr um uns kümmern, ja Lisa?

Ich lege meinen Kopf auf ihren Schoß. Meine blutgetränkten, entzündeten Augen flehen sie an, wieder nach Hause zu fahren.

Ich kann nichts fressen, habe auch keinen Durst, lege mich auf meine Couch. Ich leide still, fast abweisend drehe ich mich von Lisa weg, damit sie meine Tränen nicht sieht. Lisa wiegt meinen Kopf in ihren Armen, spricht mit gedämpfter, liebevoller Stimme zu mir, streichelt mich zärtlich. Unsere wortlosen Gespräche, die nur wir verstehen. Gestern ist Lisa zu Sohnemann nach oben in seine Wohnung gegangen. Hat gesagt, dass sie heute die letzte Fahrt mit mir unternehmen wird, wenn die Ärztin ihr nichts anderes sagen kann, außer mich liebenswertes Wesen zu erlösen. Ich habe im Flur gelauscht.

Dann habe ich die ganze Nacht gejammert, denn ich hatte heftige Schmerzen. Wahrscheinlich helfen mir die starken Schmerztabletten auch nicht mehr. Lisa hat bei mir gelegen.

Heute Morgen ist sie übermüdet aufgestanden. Sie konnte keinen klaren Gedanken fassen. Ich habe gespürt, dass sie verzweifelt war. Wegen mir. Ich kann kaum mehr die Treppen zum Garten hinuntergehen, um mich zu erleichtern. Bin so schlapp. Lisa hilft mir zurück ins Haus, ja sie trägt mich mittlerweile leichtgewichtiges Tier die Stufen hinauf, stellt mir leckeres Essen hin. Ich mag nicht. Liebe Lisa. Bitte hilf mir. Dann hat sie die Ärztin angerufen. Es ist gleich siebzehn Uhr.

Die Ärztin sagt, wir sollen besser durch die Haustür kommen, es ist keine Sprechstunde mehr. Ich liege auf der Rückbank im Auto, rege mich kaum, wimmere leise vor mich hin. Lisa geht mit mir langsam die Treppe zum Haus der Tierärztin hoch. Halt Lisa, was ist das für ein Gestank? Lass uns mal zurückgehen. Vor der Garage der Tierarztpraxis liegen so eigenartige, weiße Plastiksäcke, die komisch riechen. Verwesung, den Geruch kenne ich aus dem Tierheim. In so einem Sack lag ein toter Hund. Lisa, bitte nicht weinen! Komm, ich weiß jetzt, was zu tun ist.

Hallo, Frau Doktor, da bin ich, freue mich. Ich weiß, dass sie mir helfen wollen. Die Arzthelferin holt einen Maulkorb. Ich brauche doch keinen Maulkorb mehr, ich kann ihnen doch nichts mehr antun. Habe keine Kraft mehr, um zuzubeißen. Die Ärztin tastet mich noch mal ab, sagt, dass ich hierbleiben solle. Dass Lisa mich nicht mehr mit nach Hause bekommt. Dass es besser so sei. Ich schaue Lisa an. Spüre, wie ihr Blutdruck steigt. Ihr Herz bäumt sich heftig schlagend gegen diesen Gedanken auf.

„Nein, nein, nein!!!"

„Doch, wir werden sie erlösen," sagt die Ärztin, zieht drei Kanülen auf. Ich weiß nicht, was passiert. Aber Lisa scheint es nicht zu gefallen. Sie hält mich in ihren Armen, unterhält sich ein letztes Mal mit mir, tröstet mich.

„Auf Wiedersehen!", flüstert ihre Stimme zitternd in mein Ohr. Ja, meine liebe Lisa, wir sehen uns wieder. Jetzt verstehe ich. Vielen Dank für deine Liebe. Wir haben zweimal gekämpft, leider diesen Kampf verloren.

**Lisa** (2010)

„Sehen Sie", sagt die Tierärztin und zeigt ihr die benutzte, erste Kanüle. „Nur zwei Tropfen reichten, ihr Körper, ihr Herz hatte keine Kraft mehr." Die Lebensflamme ist erloschen, Majas Lebensfaden gerissen. Lisa schluchzt und weiß, dass Maja in einer besseren Welt ist. Sie hat sie bis zuletzt im Arm gehalten.

„Der Maulkorb, wir haben vergessen ihn abzunehmen", beklagt sie voll Bitterkeit. „Maja kann sich nicht mal zu Wehr setzen, falls sie angegriffen wird." Lisa redet wohl aus lauter Verzweiflung dummes Zeug, bricht auf dem kalten Fußboden zusammen. Die Ärztin will ihr ein Beruhigungsmittel spritzen, doch sie muss ja fahren. Niemand da, der sie abholen könnte.

Ihr Herz ist gebrochen. Ein sehr großer Teil ist von ihr gegangen. Wieder einmal. So viel Liebe, Treue wie ihre Tiere ihr gegeben haben, hat sie nicht mal in ihrer Ehe oder in Freundschaften erfahren. Einen Hamster, ein Meerschweinchen und zwei Schäferhündinnen hat Lisa schon auf dem letzten Weg begleiteten müssen. Und nun diese, ihre treueste Gefährtin. Mit jedem Schritt, jeder Treppenstufe, die hinunterführt, bohrt sich die Dolchspitze der Trauer erbarmungslos tiefer in ihr beschädigtes Herz. Die Zwangsjacke der Qual umklammert ihren Brustkorb, engt ihn ein, hält ihn fest im Griff. Sie ringt atemlos nach Luft, ihre Lungen krampfen. Gnadenlos zieht sich der Schmerz durch ihre Eingeweide, ihr wird übel. Fast eine Stunde sitzt sie auf der Außentreppe der Arztpraxis, danach im Auto.

Später weiß sie nicht, wie sie nach Hause gekommen ist. Sie geht zu ihrem Sohn, nimmt ihn traurig in die Arme. Sie kann nicht aufhören zu weinen, sich nicht beruhigen, es wird noch schlimmer. Innerlich zerbrochen geht sie zu Bett. Die Weinkrämpfe hören nicht auf. So schlimm ist es ihr noch nie ergangen. Ihr Kopf dröhnt, salzige Tränen laufen glühend über das Gesicht, brennen gnadenlos

155

auf ihren Lippen. Das Kopfkissen ist ganz durchnässt, aber der Fluss lässt sich nicht stoppen.

Lisa betet. Maja, jetzt geht es dir gut, ich habe dich so lieb, werde dich nie vergessen, meine Freundin. Ich muss schlafen.

Plötzlich ist es taghell im Zimmer. Lisa vermutet den Sohn im Zimmer, bittet ihn, das Licht auszuschalten. Sie will endlich zur Ruhe kommen, schlafen. Es ist wieder dunkel. Sie schaltet die Nachttischlampe ein. Nein, niemand ist im Zimmer. Die Tür zum Flur ist geschlossen, wie zuvor. Der Sohn ist nicht hier gewesen. Sie dreht sich zur Seite. Ja, meine herzallerliebste Maja, jetzt können wir schlafen. Danke.

Am nächsten Morgen steht Lisa nach traumloser Nacht auf. Von nun an spürt sie eine trostlose Leere in sich. Schlimmer als je zuvor. Maja war ihr Herzblut. Sie fühlt sich wie tot. Alle Tränen wurden geweint. Nein. Nie wieder würde sie solche Qualen in ihre Seele lassen. Ab jetzt wird sie ihr sich gegebenes Versprechen einhalten, durchhalten. Seelenverwandte finden sich nicht fortwährend.

Einige von Lisas Bekannten sagen, sie würden sich immer in die Falschen verlieben. Darauf antwortet sie: „ICH verliebe mich immer in die Richtigen! Hunde sind treu, schenken mir ihr Vertrauen, lieben mich so, wie ich bin. Ohne Wenn und Aber. So viel Liebe findet ihr bei keinem Menschen. Ich bin dankbar, dass es diese Geschöpfe gibt."

**Lisa** (2015)

Lisas Sohn sagt: „Mutter, sag niemals nie!"

Nein, Lisa hat wieder „Ja" gesagt ... zum Leben und zu einer neuen Liebe. Eine wunderschöne, gelehrige und bezaubernde Hündin (aus einer Tötungsstation in Kroatien) ist bei ihr und ihrem Sohn eingezogen.

ALLES AUF ANFANG?

Die Hündin Katinka ist eine von insgesamt bisher vier Hunden, die bei Lisa und ihrem Sohn ein liebevolles Zuhause gefunden haben.

## Schaffe, schaffe, Häusle baue und nicht nach dem Mädle schaue ...
(1960)

Die Aussicht war beeindruckend. Sie schaute auf die angrenzende Wiese, auf denen die Kühe in trauter Eintracht grasten.

Wie sollte sie jetzt allein vom Baum herunterkommen. Klettern hinauf war kein Problem gewesen, aber hinunter gestaltete sich für die zehnjährige als knifflig, war mit großer Mühe verbunden. Die Sturzgefahr war zu groß.

Schluchzend rief sie in ihrer Not um Hilfe. Ihr Schniefen steigerte sich zu einem Weinkrampf.

Endlich kamen ihre Brüder zurück und Benny half ihr hinunter.

„Ihr seid blöd. Das erzähle ich heute Abend Mama und Papa. Dann dürft ihr nicht mehr in den Wald." Jutta war angepiekst.

Konrad antwortete nicht, er hatte wohl Gewissensbisse.

Das werde ich meinen hinterlistigen Brüdern heimzahlen, nahm sich Jutta nachtragend vor. Es fehlte ihr nur noch ein Schlachtplan, um ihnen einen Streich zu spielen. Rache ist Blutwurst.

Juttas Brüder, Benny 12, Konrad 11 Jahre alt, hatten sie hier oben vergessen. Vergessen? Nein! Absichtlich hatten sie ihre Schwester hinauf auf den Baum gelockt.

„Warum dackelt sie auch ständig hinter uns her?", maulte Konrad, der seinem Bruder diesen neckischen Streich eingeredet hatte.

„Weil wir auf sie aufpassen sollen! Du weißt, was Mutter gesagt hat."

„Soll Mutti ihr Nesthäkchen doch in Watte packen, die verhätschelte kleine ..."

„Stopp," wandte Benny ein, „lass gut sein."

„Ich will spielen. Jungenspiele, nicht mit kleinen Mädchen rumlaufen. Die nervt!"

Konrad war mehr an Raufereien mit den Nachbarjungen interessiert als daran, seine kleine Schwester zu beaufsichtigen. Zudem wollten die Brüder hier im Wald auskundschaften, ob sie einen geeigneten Baum für ihr Projekt finden könnten.

**\*\*\***

Nicht weit entfernt von der Siedlung, in der sie wohnten, stand ein altes Bauernhaus. Menschenleer, öde. Die Bauersleute waren lange verstorben, das Haus seitdem unbewohnt und zu einer Ruine verfallen. Nur die Scheune, ein schuhkartonförmiges Gebäude, stand noch. Hier wohnten die üblichen Verdächtigen, Ratten und Mäuse. Und eine Samtpfote mit ihren Jungtieren.

Jutta war hier, auf dem unbewachten Grundstück, den kleinen allerliebsten Kätzchen bis zu dem Schober hinterhergelaufen. Ein eigentlich viel zu gefährlicher Ort, um hier mit ihnen zu spielen.

Momentan wurde die Scheune nicht genutzt. Der Grundstücksnachbar mähte gen Herbst die Wiesen drumherum und nutzte die Scheune als Lager. Eine gewisse Menge davon war als Tiernahrung für das Wild im Wald reserviert.

Im Winter kam der Revierförster und holte seine Anzahl Strohballen für die Futterkrippen im nahegelegenen Wald. Jutta schüttelte Strohhalme von sich ab, sie würde sich dadurch verraten. Niemand außer ihr durfte diesen Spielort kennen.

Neben dem Heuschober befand sich eine schätzungsweise einhundert Jahre alte Eiche.

Das war es. Ein toller Baum mit einem kräftigen, geraden Stamm. Für ein Baumhaus geradezu vollkommen, nicht zu übersehen, frohlockte Jutta, über ihren närrischen Einfall.

Hier, in der Abgeschiedenheit, wo sie vor unerwünschten Blicken verborgen blieb, würde sie ihre Brüder aufs Glatteis führen. Was Jutta vorhatte, war ein gewagter Schelmenstreich.

Ich muss meine Brüder nur hierher ködern, werde auf der Lauer liegen, und dann ... Aber woher eine Plane bekommen?

Da fiel ihr ein, dass die durchsichtige, elastische Autoplane, die gut nachgeben würde, vom Winter noch in der Garage lag. Hüpfend und ein Liedchen trällernd machte sie sich auf den Heimweg.

***

Es war ein freundlicher Tag, kurz vor den Sommerferien, als Jutta mit der Plane zum Bauernhof schlurfte.

Ihre Brüder wussten Bescheid, dass sie sich morgen nach der Schule hier treffen würden.

Jutta hatte schulfrei, es waren Bundesjugendspiele, und weil sie erst vor einigen Wochen eine doppelseitige Lungenentzündung auskuriert hatte, durfte sie nicht daran teilnehmen.

***

Um 15.00 Uhr am nächsten Tag standen ihre Brüder mit Jutta vor der Scheune. Mit einem Bollerwagen, der mit Hammer, Nägeln und einigen Holzbrettern bestückt war. Die Jungs staunten nicht schlecht, waren hellauf begeistert, als sie den imposanten, stabilen Baum mit seinen knorrigen

Ästen sahen. An einer Seite unter dem Baum hatte eine Brombeere ihre Triebe ausgebreitet und einige Ranken waren am Baumstamm emporgeklettert.

„Da kriegst du die Motten!", staunte Konrad, total begeistert von der Größe der Baumkrone. „Nicht von schlechten Eltern."

„Knaller!", meinte auch Benny. „Das Baumhaus passt genau in die Mitte des Baumes," stellte er bewundernd fest.

„Gefällt euch der Baum?", fragte Jutta mit einem nicht ganz ernst gemeinten Lächeln.

„Jo!", bejahte Konrad. „Da bauen wir uns ein tolles Baumhaus, du Küken."

„Die Brombeerranke können wir teilweise stehenlassen," entschied Benny.

„Dann klettern wir von der anderen Seite auf den Baum, da kommen wir mit der kurzen Leiter auch besser rauf."

Konrad stimmte Benny zu. Jutta nickte inwendig. Genauso hatte sie sich ihren Plan vorgestellt.

„Dann lasst uns mal einen trockenen Platz für die Holzbretter in der Scheune suchen", kommandierte Benny. „Ab nächster Woche sind Ferien, da können wir dann jeden Tag ranklotzen."

Das offenstehende Scheunentor gewährte ihnen einen Blick hinein. Die Heuballen, deren Umrisse auf die kleine Gruppe geheimnisvoll wirkten, warfen Schatten, an denen sie sich orientieren könnten, um wieder hinauszufinden.

Jutta schritt mutig voran, sie kannte sich hier inzwischen gut aus, gab keinen Mucks von sich. Dieser Ort war ihr nahe und vertraut.

Die drei Geschwister suchten und fanden für das Baumaterial einen geeigneten Platz.

„Müssen wir Mutti und Vati fragen, ob wir hier ein Baumhaus bauen dürfen?", plapperte Jutta aufgeregt drauflos und stolperte absichtlich unbeholfen den Geschwistern hinterher. Sie durfte es nicht verbocken.

„Lieber nicht," antwortete Konrad.

„Ich will aber ein Baumhaus bauen!," mäkelte Benny.

„Wir sagen einfach, wir gehen zum Bauern um Kartoffeln auszugraben. Mutti ist doch froh, wenn wir uns in den Ferien beschäftigen und nicht zuhause rumlungern, uns mit den Nachbarjungen kloppen, oder im Wald rumtoben."

„Aber wenn unsere Zeugnisnoten schlecht ausfallen, dürfen wir sowieso nicht raus. Dann können wir die ganzen Ferien über lernen, lernen, lernen," konterte Konrad.

„Ich darf, weil ich nur Zweier habe," prahlte Benny.

„Konrad, wenn du Hausarrest bekommst, gehe ich mit Benny allein," prustete Jutta los. (Schadenfreude, ist auch eine Freude.)

Konrad wurde sauer. „Blöde Kuh! Auf dich passe ich nicht mehr auf! Ich bin doch nicht dein Kindermädchen!" (Die Bezeichnung Nanny kannten die Kinder derzeit nicht).

„Haltet die Ohren offen, nicht dass uns jemand belauscht!". Benny blickte sich orientierend um.

Gesagt, getan. Jutta stellte sich taub, kroch ohne Angst in den Bollerwagen und ließ sich zufrieden von ihren Brüdern nach Hause karren.

„Wir müssen aber Vati wegen der Leiter fragen," bemerkte Benny noch.

„Oder Oma," sprudelte es aus Jutta heraus. Ihr hatte Jutta, das Plappermäulchen, ihren Racheplan anvertraut. Obwohl Oma im Nachhinein Bedenken über Juttas Plan geäußert hatte. Strenggenommen hatten die Eltern ihren Abkömmlingen das Betreten fremder Grundstücke verboten, aber was man nicht weiß ...

\*\*\*

Die Zeugnisse der Geschwister waren zur Zufriedenheit der Eltern ausgefallen, und die Jungs hatten sie von ihrem Vorhaben in Kenntnis gesetzt. Sie hatten keinerlei Einwände, sollten aber ihre Schwester mitnehmen.

Der erste Ferientag fing vielversprechend an. Nachdem die Geschwister gefrühstückt hatten, waren sie mit den Vorbereitungen für das Vorhaben beschäftigt. Der Bollerwagen war wieder mit allem beladen, was benötigt wurde: die kleine Holzleiter, Bretter, Baumschrauben (vom Vater im Geschäft für Eisenwaren gekauft, man konnte sie direkt in den Stamm eindrehen, ohne den Baum zu verletzen), Schraubenzieher und ein Seil, um die Latten hochzuhieven.

Oma hatte ihre Rucksäcke mit Eistee in Thermoskannen, Keksen, Äpfeln und Rübenkrautkniften gefüllt, bevor sie den Kindern einen schönen Tag wünschte.

Und los ging´s.

Jutta grinste voller Vorfreude auf die entsetzten Gesichter ihrer Brüder, spitzte den vom Lolly rosagefärbten Mund. Ihr Plan konnte heute Wirklichkeit werden. Die Aktien standen nicht schlecht.

Vor der Eiche nahmen sie die mitgebrachten Teile aus dem Bollerwagen heraus. Mit einer Astschere schnitt Benny, seine Hände vorsorglich mit Gartenhandschuhen seiner Mutter geschützt, einige der wilden Triebe der Brombeere, die sich gänzlich um den Baum geschlungen hatten ab, und warf sie auf den Haufen Astwerk unter dem ersten kräftigen Ast des Baumes.

Dann lehnte er die Holzleiter an den Baumstamm, die mit ihren nur fünf Sprossen nicht sehr lang, aber ausreichend war, um diesen Ast als Einstieg in ihre Kletterei zu erreichen. Natürlich ahnte er nicht, dass sich darunter Juttas Geheimnis verbarg.

Jutta ließ ihren Brüdern den Vortritt. Benny kletterte als erster hinauf, bis zur Baumkrone zum Sondieren, ob der Baum auch stabil genug sei für ihren Traum. Dann stieg Konrad hinterher.

„Wahnsinn." Benny kam aus dem Staunen nicht heraus und Konrad hielt ebenso beeindruckt Ausschau.

„Komm du Kröte, trau dich, oder bist du zu feige?" Konrad frotzelte.

„Ich trau mich nicht, bleibe lieber hier unten."

Jutta hatte ein anderes Ansinnen, und das wollte sie jetzt in die Tat umsetzen, keinen Rückzieher machen. Plötzlich und unerwartet für ihre Brüder, die mit der Aufwärtsbewegung beschäftigt waren, warf Jutta ungestüm die Leiter um. „So, jetzt könnt ihr auch nicht runter."

Die Jungen schimpften. Kletterten langsam abwärts.

„Äh, biste malle?", rief Konrad. Du kannst doch nicht einfach die Leiter umstoßen.

„Stell die Leiter wieder an den Baum", bat Benny sie. „Sei ein braves Mädchen."

Benny rätselte über das Vorgehen von Jutta. Was hat sie dazu bewogen, so mir nichts – dir nichts die Leiter umzustoßen? Nach einem perfekten ersten Ferientag sah das nicht gerade aus.

„Nein, ihr habt mich neulich allein auf dem Baum sitzen lassen. Das ist eure Strafe und wenn ihr runterwollt, müsst ihr springen." Jutta lachte, zog mit Schwung die Plane, die sie bereits am Vortag mit Ästen und Gestrüpp getarnt hatte, beiseite, legte sie auf den Bollerwagen.

Rache ist Blutwurst. Das wird Mutti freuen, wenn sie nachher die Dreckspatzen sieht. Das bedeutete Hausarrest für ihre Brüder – für einen Tag mindestens! Jutta klatschte belustigt in die Hände.

„Geh zur Seite!" Benny sprang und hinter ihm Konrad.

Platsch, und nochmal Platsch. Benny und Konrad standen bis zu den Knien in einer alten Güllegrube.

168

Es war ein perfekter Tag für Jutta. Am Abend fiel sie glücklich und todmüde ins Bett.

# Traum- Job

Saskia schaut aus dem Fenster. Ein Traum, oder doch nur eine oberflächliche Betrachtung, diese Aussicht?

Von hier oben sieht die Welt gewöhnungsbedürftig aus. Sie geht hinaus auf die Dachterrasse. Doch das Atmen ist schwierig auf dieser Ebene.

Nicht als seine Nachfolgerin stellt er sich Saskia vor, nein als sein von ihm erschaffenes Individuum. Uneigennützig! So bezeichnet er sie gefühlskalt. Seine Atemluft gefriert zwischen den unausgesprochenen Worten oberhalb der Liga.

Was hat Saskia dazu bewogen, sich auf seine Stufe zu erheben? Statt sich an seiner Seite zu profilieren, soll es ein Wettkampf auf Augenhöhe werden. Mit ihm will sie nicht in Verbindung gebracht werden. Nein, durch Wissen und Empathie ihren Mitmenschen gegenüber will sie punkten.

Zu ihrem Leidwesen ist es kein Machtkampf auf gleichem Level.

Du musst dich verkaufen, kämpfen, gewinnbringend einsetzen, wenn du hier etwas erreichen willst. Nur so kannst du auf deiner Karriereleiter emporsteigen. Macht in Praxis umsetzen. Ich werde es dich lehren! Wenn du dich mir, meiner

Zugewandtheit hingibst. Das hat er ihr als Führungskraft unmissverständlich zu verstehen gegeben.

Seine Anspielungen verheißen nichts Gutes. Welchen Wunsch hegt er? Erhofft er Zustimmung von Saskia?

Soll sie seinen Rat beherzigen? Sie muss eine Entscheidung treffen, unausweichlich, schlussfolgert sie.

Saskia lehnt seine nicht verhandelbaren Ratschläge dankend ab. Nie wird sie Schulter an Schulter mit ihm, dem seine Hinterhältigkeit in seiner Vormachtstellung nie etwas ausgemacht hat, ein Beschäftigungsverhältnis eingehen. So sicher, wie das Amen in der Kirche. Als Vertreterin des weiblichen Geschlechts verabscheut sie Machtspiele der Y-Chromosom-Träger. Lieber verzichtet sie auf den ausgeschriebenen Job. Sich auf sein Niveau herunterlassen, sich mit ihm gleichsetzen, davon ist sie meilenweit entfernt.

Dann wirst du hier scheitern! Bedrohlich baute er sich vor Saskia auf.

Eine Mauer aus Ekel und Wut umschließt Saskia. Durch seine manisch-machistischen Annäherungsversuche wie einer Hetzjagd ausgesetzt, entzieht sie sich unwohl werdend seinem Gesichtskreis.

Bei einer Inspektion in der Stätte seines Wirkens werden gravierende Fehler aufgedeckt. Schmutzige Details in seiner Funktion als Dienstvorgesetzter: Ständige amouröse Abenteuer, obwohl verheiratet, werden ihm zum Verhängnis.

Der Sturz aus dem Forum der Eitelkeiten lässt sich nicht vermeiden. Sein Grinsen erlischt, als Saskia den Zuschlag für ihre berufliche Entwicklungsmöglichkeit bekommt.

Er, der Selbstbewunderer, muss sich mit dieser Tatsache abfinden.

Vielleicht hat diese Niederlage trotz allem auch etwas Positives für ihn: Er, der Selbstgefällige hat an Erfahrung gewonnen.

✳✳✳

Ein Zerrbild löst sich in Wohlgefallen auf. Saskias gesunder Menschenverstand hat sie im Traum zum Ziel geführt.

Ich höre auf meinen Bauch, achte auf mich, lautet fortan Saskias Mantra, und gute Schwingungen begleiten sie auf dem weiteren Weg ihrer Erwerbstätigkeit.

# Trude Rumpel findet das Glück

„Sollen wir nicht lieber umkehren, und du fährst mich morgen zur Schokowelt?", hatte sie ihren Sohn Klaus vor zwei Tagen gefragt. „Muss ich mich in meinem Alter noch von einem alten Bus herumschaukeln lassen? Habe ich das nötig, wo doch zu Hause ein Fahrzeug bereitsteht und ich selbst dorthin fahren könnte?"

Keine Antwort war auch eine Antwort. Wenn ihr Sohn sich etwas in den Kopf gesetzt hatte, war er nicht mehr aufzuhalten.

Er hatte sie zu ihrem 80sten mit einem Ticket für eine Rundreise überrascht, inklusive zwei Übernachtungen, quer durch Feld und Flur der Soester Börde. Das Ticket hatte er bei einem Preisausschreiben gewonnen. Nicht mal einen Euro hatte er für sie übriggehabt. Das war typisch für ihn! Klaus zog sein Ding immer durch. So wie er ihr vor zwei Jahren den Autoschlüssel weggenommen hatte. Dass Trude dann trotzdem samstags klammheimlich mit dem Auto zu Peters Schokowelt fuhr, hatte er schnell am Spritverbrauch bemerkt und ihr dann mit den verletzenden Worten: „Du bist zu alt für den Straßenverkehr heutzutage!" auch den Zweitschlüssel abgenommen. Da es für Trude zu umständlich und anstrengend war, mit dem Rollator

175

im Regionalbus in die Stadt zu fahren, blieb sie von dem Tag an mit Wut im Bauch zu Hause.

Seitdem herrschte dicke Luft. Was sie ihrem Sohn gegenüber unmissverständlich zu verstehen gab. Trudes schlechte Laune übertrug sich nicht immer, aber immer öfter auf ihn.

Auch auf dem Weg zur Stadthalle in Soest, dem Treffpunkt für die „Erlebnisreise durch die Börde", wie Klaus sein Geburtstaggeschenk genannt hatte, war sie noch einmal deutlich geworden. Von ihm aus Lippstadt mit dem Auto nach Soest gebracht, um dann mit dem Reisebus zurück nach Lippstadt kutschiert zu werden? Durch Umwege zum Ziel gelangen? „So ein Blödsinn!", hatte Trude gelästert. Und sich innerlich noch einmal darüber geärgert, dass sie letztlich zugestimmt hatte, um endlich wieder mal nach Herzenslust schlemmen zu können.

*∗∗∗*

Zunehmend wird Trude ungeduldiger, zum verabredeten Termin zu kommen. Zum Glück konnte für sie ein Einzelzimmer gebucht werden, darauf hatte sie mit Nachdruck bestanden. Der Gedanke, mit Fremden in einem Raum zu nächtigen, hatte ihr nicht gefallen. Schließlich ist sie eine mündige Bürgerin, weder senil noch debil.

Dann ist es endlich so weit. „Viel Spaß Mam!" Mit einem schmatzenden Kuss auf die Wange drückt Klaus seiner Mutter den Koffer in die Hand und verschwindet.

Obwohl die Sonne ihre warmen Strahlen zur Erde schickt, hat Trude vorsorglich einen Knirps dabei. Langsam spaziert sie mit ihrem Rollator und dem darauf liegenden Köfferchen vor dem Reisebus, einer wahren Rostlaube, hin und her. Es ist gar nicht so einfach, mit dieser Gehhilfe die Balance zu halten. Ein Rad dreht sich immer schneller als das andere.

Vielleicht ist es ihre letzte Chance, Peters Schokowelt noch einmal genießen zu können. Den Fuß zum letzten Mal in das von ihr so geliebte Café zu setzen. Verleiht das dieser Handlung nicht etwas ganz Besonderes? Der Traum, den sie seit zwei Jahren hegt. Eine Träumerei, leider bis zum heutigen Tage immer wieder wie eine Seifenblase zerplatzt. Warum keine Träume mehr haben? Und wenn es der letzte Besuch dort ist, sinniert sie, was der unbändigen Vorfreude auf die vielen köstlichen Pralinen keinen Abbruch tut, ihrem gierig und mit Adrenalin befeuerten Tatendrang nach kulinarischen Offenbarungen. Zumindest dieses Mal wird ihr Traum in Erfüllung gehen.

Sie nimmt aus ihrer Manteltasche einen Schokoriegel, als ihr ein sonderbarer Zeitgenosse auffällt. Was ist das denn für ein schräger Vogel? Trude hat noch niemanden gesehen, der mit seinen Koffern spricht. Auf welchem Trip ist der denn? Was hat er geraucht? Wenn sie rauchen würde, hätte sie auch gern solche Zigaretten!

Der seltsam anmutende Typ spricht ununterbrochen auf den jungen Fahrer ein. Eindringlich erläutert er ihm, dass er sein gesamtes Gepäck unbedingt benötige. Und – sich wiederholend wie in einer Warteschleife – hört sie ihn sagen: „Es wäre besser, nicht hier zu sein."

Trude kann ihm innerlich nur zustimmen. Es wäre nicht nur für ihn besser, nicht hier zu sein. Dieses ständige Lamento ist ja nicht zum Aushalten. Warum kann er nicht mal einfach den Mund halten?

Kopfschüttelnd beobachtet sie den Redefluss des eigenartigen Mannes und schiebt sich ein Stück der in ihren Händen zu schmelzen beginnenden Schokolade in den Mund. Da unterbricht er unvermittelt sein Einreden auf den Fahrer und starrt Trude an. Wenn Blicke töten könnten, Trudes Lebensfaden wäre augenblicklich gerissen.

Ertappt schaut Trude kurz weg, hat sich aber sofort wieder im Griff. Sie bemerkt, dass nun der

Fahrer offenbar vergeblich auf den komischen Kauz einredet. Er solle sich endlich entscheiden, welchen Koffer er mitnehmen wolle. „Was für ein Hirni", würde Trudes Sohn jetzt sagen. Der Sonderling gibt nicht nach, besteht auf der Mitnahme aller Gepäckstücke. Er scheint ja noch pingeliger zu sein, als ihr Mann es gewesen ist. Sichtlich genervt gibt der Busfahrer schließlich auf und schafft es tatsächlich, alles im Bus zu verstauen, damit die Fahrt endlich in Gang kommen kann.

Als Trude in den Bus steigt und sich umsieht, ist es urplötzlich aus mit dem genüsslichen Pralinentraum. Heiliger Strohsack! Wo bin ich denn hier gelandet?, fragt sie sich. Da hätte ich gleich in eine Seniorenresidenz ziehen können, um alten Leuten zu begegnen. Sollte diese Fahrt vielleicht ein Test ihres Herren Sohn sein, um sie auf einen Platz in einem Altersheim vorzubereiten? In einen Käfig voller Narren eingesperrt zu werden? Im Rollstuhl, eventuell mit Krethi und Plethi, beim Wettfahren um die Siegerprämie (ein Stück Sahnetorte) konkurrieren? Neee! Nicht mit mir!

Trude zwingt sich zur Ruhe. Nicht auf die Palme bringen lassen, sonst schnellt der Blutdruck so in die Höhe, als wolle ein D-Zug den Himalaja erklimmen. In ihrem Kopf schwirren Gedanken, die nicht mit ihm abgesprochen sind: Ergo – keine verunglimpfenden Worte über die Lippen lassen. Man muss schließlich sein Herz nicht immer auf der Zunge tragen, das verträgt es nicht.

***

Am nächsten Tag sitzt Trude wieder in diesem alten schwankenden Vehikel, das sich Bus nennt. Ihr ist derselbe Sitzplatz wie gestern zugewiesen worden, da sie mit der zusammengeklappten Gehhilfe zwei Plätze in Anspruch nimmt. Sie zieht ihren Tweedmantel aus, legt ihn auf den Rollator und setzt sich prustend auf ihren Sitz. Sacht streicht sie über das an einer silbernen Kette hängende Medaillon an ihrem faltigen Hals, öffnet es und schaut sich das Ebenbild ihres Ehemannes an. Erstaunlich. Erst jetzt bemerkt sie, wie ähnlich sich Vater und Sohn sind. In allem. An ihren Mann ist nur noch die Erinnerung geblieben. An all die glücklichen Jahre mit ihm, die Geburt ihres Sohnes. Was für ein Glück!

Nach dem Tod ihres Ehemannes war Glück Mangelware. Ihr Sohn hatte wenig Zeit für sie, war durch seine Arbeit in seiner Freizeit sehr begrenzt, und bei seiner in die Jahre gekommenen Mutter wollte er in diesen kurzen Zeiträumen keine Wurzeln schlagen, sondern lieber mit Freunden chillen. Er nannte sie Helikoptermutter, weil sie ihn stets und ständig bevormundete.

Innerlich gekränkt über seine Lebensweise hatte sich Trude von ihm zurückgezogen, wollte auf sich allein gestellt sein, aber auch nicht in den eigenen vier Wänden versauern. Seit sie nur daheim herumsaß, hatte sie ordentlich zugenommen, was sie zunehmend unbeweglicher machte. Der Hausarzt hatte ihr mehr Bewegung verordnet. Aber Spaziergänge schaffte sie nur noch mit ihrem Rollator. Und Yoga oder sonst ein Sport, das waren doch keine Optionen für eine Achtzigjährige!

Eh man sich´s versieht, ist das Leben vorbei. Diesen Gedanken musste Trude erst mal sacken lassen. Was tun? Sie musste sich mit ihrer Lebensphase auseinandersetzen, solange wie möglich geistig und körperlich fit bleiben. Aber das Laufen fiel ihr schon schwer.

Vor zwei Jahren hatte Klaus ihr nicht nur einen Rollator, sondern auch ein Ergometer geschenkt. Zehn Minuten tägliches Training würde reichen, um bei guter Gesundheit zu bleiben, hatte Klaus ihr geraten. Sicher nicht ganz uneigennützig, er genoss ja schließlich die Vorzüge im Hotel Mama. Aber was soll's, sie radelte tatsächlich jeden Morgen mindestes zehn Minuten. Inzwischen empfand sie es auch nicht mehr als Belastung, sondern mochte ihre tägliche Dosis gezielter Belastung sogar. Nicht zuletzt der Belohnung wegen, die sie sich anschließend gönnte. Süße Schokolade – selbst wenn sie nicht aus Peters Schokowelt kam. Ein Lichtblick in Ihrer Lebenssituation, in der sie sich nicht wirklich glücklich fühlte.

Glück! Was war, ist das? Trude hatte auf ihrem Smartphone immer wieder hoch und runter gescrollt. Gab es denn keine App fürs Glücklichsein? Leider fand sie unter dem Begriff Glück keine. Dabei hätte sie doch wirklich Glück verdient.

Aber dann war ihr eingefallen, was eine ehemalige Freundin erzählt hatte. Wenn diese unglücklich war, schaufelte sie eine ganze Tafel Schokolade in sich hinein. Klick, fiel bei Trude der Groschen. Eine plötzliche Erkenntnis.

Schokolade! Schokolade, soll glücklich machen! Pralinen machen glücklich! Dieser Gedanke gefiel ihr. Da würde sie bestimmt 100 Jahre alt! Und warum dem Glück nachjagen, wenn sie es sich doch jeden Tag nach Bedarf gönnen kann. Also ersann sie für ihr Glück eine außergewöhnliche Übung mit folgender Abfolge:

Los geht's:

1. Übung: Pralinenpackung öffnen.

2. Übung: Sich für eine entscheiden.

3. Übung: Vorsichtig die Praline mit Daumen und Zeigefinger herausnehmen.

4. <u>Übung</u>: Langsam auf der Zunge schmelzen lassen.

Diese Übungen mehrmals täglich wiederholen.

Himmellecker. Göttlich. Ein Träumchen. Trude grinst. Sie ist das erste Mal seit gefühlten 1000 Jahren glücklich. Auch ohne GlücksApp.

Trude greift nach ihrer übergroßen Handtasche, in der sie vorsichtshalber ihren Glücksvorrat (den sie bei ihren heimlichen Autofahrten gehamstert hat) für die zwei Reisetage deponiert hat.

Sie muss auf ihre Handtasche aufpassen. Kriminelle Elemente lauern überall. Alte, wehrlose Frauen werden am ehesten ausgeraubt. Reflexartig schaut sie ängstlich zu dem komischen Kerl, der ihr schon bei der Anreise mit seinem bösen Blick fast den Garaus gemacht hätte. Der hätte bestimmt keine Skrupel. Aber wem von den anderen Mitreisenden kann sie überhaupt vertrauen? Vorsicht ist die Mutter der Porzellankiste, sie wird wachsam sein. Der Knirps, ohne den sie nie das Haus verlässt, hat schon seine Dienstbarkeit bewiesen, schon einmal Hilfe geleistet. Als ein Jugendlicher ihr mal die Handtasche klauen wollte, hat sie sich erfolgreich mit dem Schirm verteidigt und den Dieb in die Flucht geschlagen.

Geschlagen!

In Erwartung der kommenden Dinge hat Trude heute Morgen wenig gefrühstückt. Das Gebrabbel der Rucksacktouristen geht ihr auf die Nerven.

Mit gekrümmten Fingern durchsucht sie den Krimskrams in der Tasche und zieht eine Packung der „Lippstädter Perlen", wie sie die köstlichen Pralinen nennt, heraus und bedient sich. Pralinen, die darauf warten, von ihr vernascht zu werden.

Sinnesfreudig, wie im Übungsmodus geradezu zelebrierend, schiebt Trude sich eine Zartbitterpraline auf ihre lechzende Zunge. Die weltweit besten, sagt sie sich und genießt den Gaumenschmeichler. Nostalgische Gefühle überkommen sie. Ein wohlig warmes Gefühl durchflutet ihren Körper. Der Geschmack von Sehnsucht, Liebe, Leidenschaft und der Geruch einer romantischen lauen Sommernacht. Eine Liebeserklärung an jeden Genießer.

Sie versucht so wenig wie möglich mit der Umverpackung zu rascheln, um neugierig gewordene Blicke zu vermeiden. Zögerlich schaut sie sich wiederholt um. Irgendwie glücklich sehen die Mitreisenden alle nicht aus, stellt sie fest. Ihre Wangen erröten, als sie in das Gesicht eines Kahlköpfigen blickt. Die Traurigkeit oder Angst in den Augen dieses in einem abgewetzten Sakko steckenden Businsassen versetzt ihr einen Stich ins Herz.

Alleinstehend! Dieser Mann hat anscheinend auch seine bessere Hälfte verloren, grübelt Trude. Ja, das Alleinsein im Alter...

Aber irgendwie verhält sich der hustende Reisegast mit dem dunkelgrünen Leinensack seltsam. Hat er etwas zu verbergen? Ist er schon mal ausgeraubt worden, oder warum hat er den Sack so fest im Griff? Was mag er wohl darin versteckt haben? Hoffentlich hat er keine ansteckende Krankheit? Und seine Mimik?

Sein Grinsen erinnert Trude an einen ehemaligen Nachbarn. Durch eine Trigeminusneuralgie hatte er eine Gesichtslähmung bekommen, ein Dauergrinsen. Weil das in manchen Situationen fehl am Platz war, litt er sehr unter irritierten Reaktionen seiner Mitmenschen, die von seiner Krankheit nichts wussten.

Der Dauerhuster ist auf Trudes Musterung seiner Person offenbar aufmerksam geworden. Interessiert fixiert er sie ebenfalls. Trude senkt schuldbewusst, dass er sie ertappt hat, ihren Blick und kramt weiter in ihrer Tasche herum. Nein! Nicht im Entferntesten möchte Trude einen näheren Kontakt mit ihm aufbauen. Peinlich berührt ringt sie sich ein schwaches Lächeln ab und fragt sich, ob sie wohl altersmilde geworden sei.

Doch sie kommt nicht dazu, diesen Gedanken weiter auszuspinnen. Der komische Vogel starrt sie schon wieder an! Warum schaut dieses Subjekt so angriffslustig? Will er ihr etwa ein Gespräch aufzwingen? Hat er keinen Koffer mehr, mit dem er sich unterhalten kann? Hat sie womöglich die Haltestange neben seinem Sitz beim Einsteigen mit Schokolade verschmiert? Vielleicht ihn selbst? Nein, nichts dergleichen. Sie hat ihm nichts getan, noch nicht! Trude rät ihm in Gedanken, sich nicht mit ihr anzulegen. Nicht mit ihr. Er würde den Kürzeren ziehen. Und noch einen Ratschlag hätte sie für ihn. Er sollte sich lieber um die Bügelfalten in seiner Anzughose kümmern, da hätte er genug zu tun. Trude zieht ihren Knirps näher zu sich heran. Aber würde er ihr wirklich ein Leid antun?

„Hier mach'ste was mit!", murmelt Trude leise vor sich hin, sucht und findet in der Tasche ein Feuchttuch für ihre mit Schokolade verschmierten Finger. Sie macht keine Anstalten, die geöffnete Schachtel an die Reisenden weiterzureichen, ihr ist im Leben auch nichts geschenkt worden.

Trude wendet sich von den Gesichtern ab, in denen sie Begehrlichkeit zu erkennen glaubt. Diebische Elstern sind nichts gegen diese gierigen Blicke. Klarstellend, dass bei ihr nichts zu holen ist, wirft sie den Mitfahrenden kalte Blicke zu. „Das

186

sind meine", möchte sie skandieren. Kein Mensch und keine Seele soll ihr das Glück neiden! Wir fahren doch alle gemeinsam nach Lippstadt, zum Brunch in Peters Schokowelt. Da können alle nach Herzenslust schlemmen, Pralinen naschen, dem Genuss dieser Leckerbissen frönen. Sollen sie doch dieses Glück selbst kaufen.

Bittere Pralinen waren in ihren Augen wie Worte, die dem Gegenüber die Wahrheit verschweigen. Süß mussten sie sein, wie Zuckerwatte der Zunge schmeicheln, um verletzende Worte in heilsame umzugestalten.

Lässig lehnt sie sich an die Fensterscheibe und schaut hinaus. So viel Gegend, pittoresk, und alles nebeneinander. Zum eigenen Erstaunen stellt sie fest, dass sie wie die anderen Passagiere eine Touristin ist. Sie nimmt sich nur Millisekunden Zeit, sich von dieser Erleuchtung anfassen zu lassen. Denn der Anblick der mitgebrachten Köstlichkeiten fasziniert sie stets aufs Neue. Lässt das Wasser vor Heißhunger in ihrem Mund zusammenlaufen. Genussalarm. Erneut nimmt sie ein Konfekt, genießt die geschmackvollen Ingredienzien. Im selben Augenblick heult der Motor auf, und der Bus fährt ruckartig los. Der Busfahrer steuert das nächste Ziel an. Fast bleibt ihr die Süßigkeit im Halse stecken. Sie prustet laut, schluckt, dann ist alles Gott sei dank wieder im Lot. Hilfe von einem der Touris hätte sie sowieso nicht angenommen. Ihre Lippen sind versiegelt.

Trude versinkt vollkommen in Gedanken. Ihre besten Jahre liegen hinter ihr. Als sie jung, unbeschwert, fesch anzusehen war, trafen sie und ihre besten Freundinnen sich jeden Freitagabend und natürlich auch samstags mit Männern zum Schwofen im Strandhotel, das von den Lippstädtern liebevoll „Badehose" genannt wurde.

Die unterschiedlichsten Bands mit Gitarre, Klavier, Schlagzeug, Bass und Gesang traten dort auf. Alle waren willkommen, die die Musik und den Stil in den 60igern widerspiegelten. Es fand sich ein eigener Kulturkreis junger Menschen mit Begeisterung für die neue, schrankenlose Musikrichtung. Besonders hatte Trude die heimische Gitarren-Beat-Band The Shannons gefallen, die sich nach einem sachte, bedächtig, aber auch mal wild fließendem Strom in Irland benannt hatte. Sie bezauberten die Tanzlustigen mit den damaligen Musiktrends, und Trude hatte sie persönlich kennengelernt.

In der Badehose wurde gerockt und getwistet, Letkiss, Hully-Gully, und der Slop getanzt. Da war nichts mit „Eins, Zwei Wiegeschritt".

Hier hat sie ihren späteren Ehemann kennenge-
lernt. Das Tanzen und Flirten hat ihr von Mal zu Mal
mehr gefallen. Doch wenn sich ihnen ein Blumen-
verkäufer mit den Worten „Wollen Rose kaufen?"
näherte, hatte ihr Freund abgeblockt. Trude hätte
sich über eine rote Rose gefreut, über eine Blume
der Liebe.

Na ja, sie nahm es gelassen hin, denn sie wollte
nicht schon beim Kennenlernen Stress verursachen
und die Gute-Laune-Stimmung in Disharmonie um-
schlagen lassen. Ihr Freund machte sich eben
nichts aus Blumen, schenkte ihr aber beim ersten
Date eine Schachtel Pralinen. Peters Pralinen. Ein
Geschenk der Götter.

Marzipan, Nougat und Zartbitterpralinen. Für den
kleinen Schwips zwischendurch Trüffelpralinen,
Schokoladenhohlkörper, gefüllt mit Rum, Prosecco,
Champagner, edlem Weinbrand oder verschiede-
nerlei Likören.

Da war es um sie geschehen gewesen. Wer soviel
Geschmackssinn bewies, der konnte nur ein guter
Liebhaber sein. Die Tanzabende waren somit erle-
digt gewesen.

Trude war sofort in ihn verknallt. Amors Pfeil
hatte nicht nur das Gefühlszentrum im Herzen,
auch das in ihrem Magen getroffen. Unschuldig wie

ein Lämmchen erwiderte sie seine menschlichen Regungen. Es passte alles, sie waren ein Herz und eine Seele. Man muss sein Glück erkennen, wenn es vor einem steht, und entschlossen festhalten, um gemeinsam durch die Zeit zu gehen.

Ihre Ehe war glücklich gewesen, glücklich bis zum Tag seines Abschieds. Eine Traurigkeit überfällt sie. Ihr Lebenspartner war durch einen Schlaganfall lange an sein Bett gefesselt. All die Arbeit, der Haushalt, ihr Job in einer Hotelküche, den sie aus finanziellen Gründen annehmen musste, die Verantwortung für ihren damals zehnjährigen gemeinsamen Sohn, alles lastete nun auf ihren schmächtigen Schultern.

Hilfe von außen konnte sie nicht erfahren. Freunde? Nein! Plötzlich hatte niemand mehr Zeit für Trude. Zur Beerdigung, ja, da kamen alle. Um es sich anschließend in einem Lokal bei Butterkuchen und Kaffee gut gehen zu lassen. Da waren sie alle auf einmal gute Freunde ihres verstorbenen Ehemannes. Seitdem hat Trude das Wort „Bitte" nie mehr über ihre Lippen gebracht.

Sie hat sich allein durchs Leben geboxt. All die Zeit, und es ist lange her. Warum alte Wunden aufreißen? Aber die Narben sind geblieben. Sie haben ihr Gespür für wahre Freundschaft geprägt, sie unnahbar für viele ihrer ehemaligen Bekannten gemacht.

Doch vollkommen zurückgezogen hat sie sich nie. Es war ihr wichtig, auch mal unter Menschen zu sein, und sie fand einen altersmäßig zu ihr passenden Freundeskreis. Viele Jahre hat sie sich zweimal in der Woche mit einem Kreis Gleichgesinnter zum Kaffeetrinken im Café Peters getroffen. Das erste Café am Platz, an der Lange Straße im Zentrum Lippstadts. Leider ist ihre Clique in den letzten Jahren geschrumpft, die meisten der Frauen sind entweder verstorben oder leben in einer Seniorenresidenz. Trude ist die einzig übrig gebliebene mobile Evastochter aus dieser illusteren Frauengemeinschaft. Wie sehr vermisst sie die gemeinsamen gemütlichen Stunden im Café Peters.

Sie schaut sich um. Hier würde sie keine Freunde finden wollen. Die wenigen Mitreisenden, die ihr gefallen könnten, sind zu sehr mit sich selbst beschäftigt. Mit dem Alleinsein muss sie sich eben arrangieren. Punkt!

Zurück aus dem Jenseits: Trude reist ja nicht nur in Gedanken an den Ort, an dem sie immer lebenslustig war. Heute wird ihr Traum in Erfüllung gehen, warum ihn nicht ausleben? Lange kann es nicht mehr dauern, bis die alte Blechkiste auf den

Parkplatz vor Peters Schokowelt fährt. Von Bad Sassendorf über die B1 kommend ist es von Erwitte nur noch ein Katzensprung bis nach Lippstadt. Der Schokoturm ist bereits aus einiger Entfernung sichtbar.

Schon beim Anhalten schauen sich die Preisgewinner um. Unruhe kommt auf. Und dann stürzen alle, die noch flink zu Fuß sind, wie die Geier aus dem Bus, um möglichst schnell eine Sitzgelegenheit nahe dem Buffet zu ergattern. Warum können sie sich nicht zivilisiert verhalten? Trude brummt.

Ihr weiblicher Instinkt rät ihr, sich aus diesem Getümmel herauszuhalten. In mäßigem Tempo, mit gespieltem Selbstvertrauen, folgt sie den anderen Preisträgern in das Café.

Es ist wie ein Nachhausekommen. Mit glänzenden Augen wird sie vom Inhaber sehr herzlich begrüßt und von ihm zu ihrem Stammplatz geführt, wo schon eine Auswahl der kulinarischen Offenbarungen auf sie wartet. Überwältigt und berauscht von den für sie völlig neu kreierten lukullischen Hochgenüssen, hüpft ihr Herz vor Freude. Endlich ist sie dort angelangt, wohin zu kommen sie diesen dämlichen Preisausschreiben-Gewinn ihres Sohnes übernehmen musste.

Sie überlegt, ob sie ihren Sohn sofort anrufen soll, um ihm zu sagen, dass die Fahrt für sie hier endet und er sie in einer Stunde in Peters Schokowelt abholen soll. Aber dann schaut sie verzückt auf die Pralinenauswahl und lässt ihr Handy erst mal stecken.

# Wer sich die Suppe einbrockt ...

(1944)

„Ich möchte die Suppe nicht essen,“ sagte Reni kleinlaut.

„Es wird gegessen, was auf den Tisch kommt, mein liebes Kind,“ verlangte Johanna, ihre Mutter, von ihr. Reni gab keinen Mucks mehr von sich. Schweigend, mit immer noch verweinten Augen, saß die Zehnjährige am Tisch und löffelte die Suppe aus, die sie sich selbst eingebrockt hatte.

Wie auch immer. Es war eine köstliche, herzerwärmende Hühnersuppe mit Eierstich und Einlage, die ihre Tante Agnes heute zum Mittagessen präsentierte.

In Renis Bauch grummelte es noch immer, offenbar von all der Aufregung, die ihr heute widerfahren war. Sie musste immer wieder an heute Morgen denken, bevor sie und Johanna in den Zug eingestiegen waren, in dem das Unheil geschah.

War das ein Tag, und er ist noch immer nicht zu Ende. Hatte Tante Agnes ihr wirklich verziehen? Das Herz schlug Reni bis zum Hals. Agnes hatte ihre Mutter zu einem Gespräch unter vier Augen beiseite genommen. „Sei nicht so streng mit Reni, sie ist doch noch ein Kind und hat es doch nicht mit

Absicht getan. Das konnte doch niemand vorhersehen!"

Johanna und Agnes hatten Reni schweigend umarmt und herzlich gedrückt. Tante Agnes nahm Renis zitternde Hand und streichelte sie sanft. Sie hatte es geschafft, Renis Sorge mit einer Umarmung und einem liebevollen Lächeln für einen kurzen Moment zu verscheuchen. Es dauerte jedoch noch eine ganze Weile, bis Reni sich wieder gefangen hatte.

Ihre Tante hatte ein gutes Herz, wie Renis Mutter auch. Alles war wieder gut. Sie verloren kein einziges Wort mehr über Berta.

***

Schuldbewusst, mit Tränen in den Augen, sichtlich zusammengesackt und völlig verstört stand Reni zappelnd mit zerschlissener Aktentasche unterm Arm vor ihrer Tante Agnes. Tränen kullerten über ihre Wangen. Hinter ihr stand Johanna und schob sie vorwärts.

„Entschuldigung, Tante Agnes, das wollte ich nicht. Bestrafst du mich jetzt?", fragte Reni mit belegter Stimme. Sie traute sich nicht, ihre Tante anzusehen. Ihr Blick wanderte nach unten, malte mit ihrer Fußspitze imaginäre Kreise auf die Fußmatte.

„Aber Kind, was ist denn passiert?", fragte sie. „Kommt doch erst einmal herein". Dabei schwenkte sie ihren Blick achselzuckend auf Johanna.

Es war kein Auftritt mit Pauken und Trompeten, aber ein herzlicher Empfang durch Tante Agnes. Die drückte Reni ganz herzlich, umarmte dann ihre Schwester Johanna, die mürrisch dreinschaute. Ihr Gesicht wirkte leblos, versteinert.

„Macht es euch in der guten Stube bequem, der Kaffee kommt gleich."

Reni folgte ihnen, ihren Blick immer auf den Fußboden gerichtet. Das Gefühl, nie mehr bei ihrer Tante willkommen zu sein, machte sie traurig.

Der heiße, duftende Kaffee weckte Johannas Lebensgeister, beruhigte sie ein wenig. Reni bekam eine Tasse mit heißer Schokolade eingeschenkt, an der sie aber nur nippte. Für einige Minuten hielt sie inne, wartete auf das Donnerwetter für das von ihr angerichtete Desaster. Sie saß da wie angefroren, fürchtete, dass ihre Tante sie nun schelten würde.

„Erzählt doch mal, was passiert ist. Wie war die Zugfahrt?"

Tante Agnes hörte aufmerksam zu und ließ sich nicht aus der Fassung bringen.

Nach dem ersten Schreck und einem Kartoffel-schnaps, natürlich nicht für Reni, kam alles ganz anders, als Reni es erwartet hatte.

***

Am Vorabend hatten sich Johanna und Reni entschlossen, am nächsten Tag zu Tante Agnes zu fahren. Reni freute sich darauf, Tante Agnes nach langer Zeit wiederzusehen.

Es war sehr früh am Morgen, als beide das Haus verließen. Der Nebel lag noch im Schlaf. Reni fror. Die Wärme in ihrem Innern verflüchtigte sich wie der Atem in der der kühlen Morgenluft. Der Morgentau tropfte perlig auf Ihre Bekleidung und ihre Haare. Ihre von Johanna geflochtenen Zöpfe drohten, sich aufzulösen. Reni zog sich die Kapuze des Anoraks bis über die Stirn.

Die Straßenlaternen, kaum wahrzunehmen, hatten ihre Dienstleistung noch nicht beendet. Ihr Licht verschwamm mit den Schatten der Nacht. In der Straße, in der Johanna mit ihrer Tochter wohnte, war es so still, dass man eine Feder zu Boden hätte fallen hören können.

Nach einer Weile bogen sie in eine verkehrsreiche Straße ein. Je näher sie dem Bahnhofsgelände kamen, umso lauter wurde es um sie herum. Schritte der nur schemenhaft wahrnehmbaren Männer, die um diese Zeit zur nahegelegenen Zeche unterwegs waren, hallten laut. Ihre Stimmen durchdrangen den Nebelschleier. In einiger Entfernung hörte Reni Geräusche von stampfenden Maschinen und das Kreischen der Sirene, die die Werksarbeiter zur Frühschicht aufforderte. Eine schrill tönende, pfeifende Lok in weiter Ferne kündigte ihr baldiges Ankommen an.

Die Stadt, in der Tante Agnes wohnte, war nur sechzig Kilometer weit entfernt. Johanna und Reni mussten sich nicht beeilen, denn mit einer Verspätung der Eisenbahn konnte man hier immer rechnen.

Johanna schleppte sich mühsam mit dem Weidenkorb ab, gefüllt mit Kartoffeln und verschiedenen Gemüsen aus ihrem Garten. Reni hielt eine zerschlissene Aktentasche unter ihrem Arm fest. Sie ging stracks neben Johanna, um nicht in das Getümmel der Menschen am Bahnhofsplatz hineingezogen zu werden.

Mit allem Drum und Dran konnten Johanna und Reni endlich in den Zug einsteigen. Sie waren nicht ziellos unterwegs. Ihr Ziel war Tante Agnes.

Der Wagon des Eisenbahnzuges war völlig überfüllt mit Menschen und ihrem Gepäck. Es war ein Gedränge und Geschiebe in den Durchgängen. Reni und Johanna quetschten sich durch die Menschenmasse und fanden zum Glück einen Sitzplatz. Einen. Mutter und Tochter teilten ihn sich. Johanna stellte den Korb zwischen ihre Füße. Reni hielt die Tasche unter ihrem Arm eingeklemmt fest.

Die Reise war doch anstrengender als Reni gedacht hatte. Wie lange würde die Fahrt wohl dauern? Reni konnte nicht abwarten, endlich aus dieser ruckelnden und pfeifenden Eisenbahn auszusteigen. Der Wagon, in dem sie saßen, war von den Rauchern vernebelt und Reni bekam kaum noch Luft. Ihre müden Augen wünschten sich ins Bett zurück.

Teilnahmslos saß Reni neben ihrer Mutter. Was sich einzig und allein rührte, war das Huhn in der verschlissenen Aktentasche, die Reni krampfhaft festhielt. Die Tasche war ein Andenken an ihren verstorbenen Vater.

Und das Huhn? Es sollte zu Tante Agnes befördert werden, hier mit diesem Zug. Agnes hatte keine Hennen mehr und Berta, die Legehenne in der Tasche, war immer sehr fleißig gewesen. Also kam man überein, dass Berta Tante Agnes Hühnerbestand neu begründen sollte.

Berta spürte wohl, dass etwas anders war. Nie war sie eingesperrt gewesen. Fühlte sich als

Haupthenne im Harem wohl. Ein glückliches Hühnerleben bisher.

Wie dem auch sei, war sie just in diesem Moment sehr unruhig, flatterte und gackerte und gackerte. Reni drückte die Tasche mit hochroten Wangen näher an sich heran. Schweißperlen standen auf ihrer Stirn. Hoffentlich hörten das nicht die anderen Passagiere. Fleisch, vor allem Hühner, weckte in dieser Zeit Begehrlichkeiten.

„Pass auf Berta auf, überall werden Lebensmittel gestohlen", hatte ihr Mutter beim Hinsetzen zugeflüstert. Doch Berta hörte nicht auf zu gackern. Reni war offensichtlich damit überfordert, so blass, wie sie in diesem Moment war.

Reni drückte noch fester. Berta war mucksmäuschenstill.

Endlich hielt der Zug an. Johanna und Reni stiegen aus und gingen hinüber zum Ausgang.

„Keinen Schritt weiter!", forderte Johanna ihre Tochter auf. „Lass uns mal nach Berta schauen." Reni öffnete die Aktentasche. Berta rührte sich nicht.

Kurz entschlossen riss Johanna das Huhn, das den Kopf hängen ließ, aus der Tasche heraus, rannte damit zu der Schwengelpumpe, die vor dem Ausgang für durstige Leute zur Erfrischung nach langer

Fahrt angebracht war. Sie rüttelte und schüttelte Berta unter dem Wasserstrahl, um ihr neues Leben einzuhauchen. Vielleicht hatte Berta ja nur einen Schock erlitten, lebt noch. Unwahrscheinlich. Allem Anschein nach war Berta tot. Reni hatte durch ihren Beschützerinstinkt zu fest zugedrückt, Berta erdrosselt.

Es war nicht mehr rückgängig zu machen. Berta hatte ausgegackert. War und blieb tot. Johanna konnte also ihr Versprechen, Agnes eine Legehenne zu schenken, nicht mehr einhalten.

Mit Schuldgefühlen und butterweichen Knien trottete Reni ihrer Mutter, die immer noch Berta in der Hand hielt, zum Ausgang hinterher. Rempelte mit hängendem Kopf und Angst vor Mutters Bestrafung fremde Menschen an. Wusste nicht, wohin sie gehen sollte.

Plötzlich blieb Johanna schnaufend stehen. „Um Gottes Willen, was hast du getan, du dummes Ding? Was sagen wir jetzt deiner Tante? Warte bis wir zuhause sind, mein liebes Fräulein. Da kannst du was erleben!" Johanna schäumte vor Wut und starrte Reni böse an.

„Was machen wir denn jetzt?", nahm es die Gebeutelte zur Kenntnis. „Müssen wir denn zu Tante Agnes?", fragte sie.

„Jetzt erst recht!", schimpfte Johanna. „Und du, mein liebes Fräulein, wirst dafür geradestehen."

Reni bekam es mit der Angst zu tun. Sie liebte ihre Mutter, war sich aber in diesem Moment nicht sicher, dass ihre Liebe von ihr erwidert wurde.

Insgeheim dachte Johanna, dass Berta dann eben nutzbringend in den Kochtopf kommt. Das sagte sie aber Reni nicht. Sei's drum. Berta musste wieder in die Aktentasche.

„Mach mal die Tasche auf!", bat sie Reni unwirsch. Als diese die Tasche öffnete, trauten beide ihren Augen nicht. Mit offenem Mund schauten sich beide sprachlos an.

Henne Berta hatte in ihren letzten Atemzügen noch ein Ei gelegt.

1950 in Lippstadt/NRW geboren, begann sie das Schreiben mit Gedichten über Erlebnisse, Gefühle, Natur und Sinnesfindung und veröffentlicht inzwischen auch Kurzgeschichten, in denen sie die Leser gern in die Irre führt. In ihrem Sati(e)re Buch zeigt sie, dass sie auch einen Hang zum Komischen hat.

Fotos literarisch zu untermalen ist eine weitere Leidenschaft von ihr.

Sie ist Gründungs-Mitglied der BördeAutoren, dort mit Kurzgeschichten in verschiedenen Anthologien vertreten.

**Eigene Veröffentlichungen**

- 2009: Einfache – Ehrliche – Emotionen
  Liebesgeschichten in Gedichtform

- 2014: Lebendigkeit – Bedarf der Liebe
  Ein Gedichtband mit teils traurigen, geheimnis- und sehnsuchtsvollen Texten. Verpackt in Allegorien und Aphorismen,
  verlegt bei: BoD Norderstedt
  ISBN: 978-3-7357-2058-0

- 2015: Frösche – Hühner und andere Sati(e)re
  Menschen und Tiere – Ähnlichkeiten sind nicht
  beabsichtigt.
  Verlegt bei: BoD Norderstedt
  ISBN: 978-3-7392-2054-3

- 2015: Mein Buch der Geschichten und Gedichte
  Verlegt bei: BoD Norderstedt
  ISBN:978-3-9224-2412-1

- 2019: Bruchstücke –Was bleibt?
  Erinnerungen aus Erlebnissen und Erzählun-
  gen, kurze Episoden in denen sich Reales mit
  Fiktivem vermischt. Heitere und traurige Ge-
  dichte, Alltagsgeschichten über Liebe, Leiden-
  schaft, Weggang und Hoffnung als versteckte
  Botschaften.
  Verlegt bei: BoD Norderstedt
  ISBN:978-3-7347-9333-2

- 2020: Rendezvous mit meinem Herzen
  In diesem Büchlein kann der Leser zum stillen
  Betrachter eines Rendezvous mit dem Herzen
  der Autorin werden.
  Verlegt bei: BoD Norderstedt
  ISBN:978-3-7519-6815-7

- <u>2022: Ausritt in unbekannte Welten</u>
  Eine unendliche Reise, in der Wirklichkeit und
  Fantasie die Zügel führen. Kurze Geschichten
  über Liebe, Leidenschaft, Intrigen und Hoff-
  nung.
  Verlegt bei: BoD Norderstedt
  ISBN: 978-3-7568-3307-8